Loslassen im Alltag?

**Warum, Wovon, Wodurch und Wozu?
Christliche Zugänge zum Loslassen / Opfern**

Linus Botha

Loslassen im Alltag?

Warum, Wovon, Wodurch und Wozu?
Christliche Zugänge zum Loslassen / Opfern

Linus Botha

Linus Botha, Loslassen im Alltag
ISBN: 9783746063126

Erste Auflage 2018
Zweite Auflage 2018
Dritte Auflage 2019
Herstellung und Verlag
BoD - Books on Demand GmbH
In de Tarpen 42
D-22848 Norderstedt Deutschland

INHALTSVERZEICHNIS

TEIL 1: LOSLASSEN IM ALLTAG

1.1 Einleitung: Warum Loslassen?

Was hat mich bewogen, über das Thema Loslassen und Opfern zu schreiben und mich auseinander zu setzen? Ich habe in meinem Leben Immer wieder Erfahrungen gemacht, in denen ich Gedanken und Gefühle von Zweifeln, Loslassen, Scheitern, Verlust und Tod selbst hautnah erlebt habe. Diese Erfahrungen wurden mir in den letzten 5 Jahren bewusst, während meines Diakonstudiums. Erst durch ein Zulassen, Aushalten und Annehmen von Gefühlen wie, Ohnmacht, Scham, Trauer, Wut, Hilflosigkeit bei mir und bei anderen, passiert etwas, was die Situation verändern kann. Ich konnte und musste erfahren, wie es Momente der Opferung, des Scheiterns, des Loslassens gab, und auch der Annahme, der Verwandlung, der Überwindung. Kairos-Momente, Momente der Wandlung, wenn Gedanken, Vorstellungen und Worte nicht mehr helfen. Durch diese konkreten Erfahrungen von Not, Tod und Sterben und anderen Grenzerfahrungen habe ich das Gefühl, ich stehe sicher, kann vieles aushalten, „einfach da sein" und bin so vielleicht ein Teil, der andere in solchen Prozesses hilfreich begleiten kann...

Kairós ist in der griechischen Mythologie der Gott des „rechten Augenblicks", des „passenden Momentes". Während *chronos* die fließende Zeit repräsentiert, die ohne den Menschen vergeht, steht *kairós* für das, was sich plötzlich ereignet. Kairós bezeichnet auch den Augenblick, in dem der Mensch aktiv gestaltend eingreifen kann. Der passende Moment um zu entscheiden, zu handeln, aktiv zu werden – kairós.

Die Gelegenheit beim Schopfe packen. Lysippos hat Kairós als Jüngling dargestellt, der vorne am Kopf eine dicke Haarsträhne hat, hinten aber kahl ist. Man bekommt ihn nicht mehr zu fassen, wenn er vorbei gegangen ist. Daher kennen wir die Redewendung: die Gelegenheit beim Schopfe packen.

1.2 Persönlicher Lernweg des Loslassens

Loslassen – ein Schlüssel und etwas Neues entsteht. Ich möchte anhand von fünf Situationen erzählen, wie ich das Gefühl des Loslassens als einen Schlüssel erlebt und entdeckt habe, um mich selbst zu verstehen und etwas zu lernen. In diesen fünf Beispielen zeigt sich für mich, ein dialogisches Verhältnis zur Welt bzw. zum anderen Menschen. Dies wurde mir in zwei gleichzeitig passierenden Bewegungen spürbar, die des aktiven Tuns und die des Offen-Seins und Nicht-Wollens im gleichen Augenblick. In diesem Moment der Gleichzeitigkeit wird die Intuition zum verbindenden Schlüssel für ein Handeln, das mit mir selbst und der Welt im Einklang ist.
Im Nachhinein wird mir deutlich, dass ich mir im Leben immer wieder die Aufgabe des Loslassens quasi gewählt habe. Das Lernen in diesem Feld des Loslassens ist ja keine gewöhnliche Fähigkeit, die wir nachahmen und bei der wir z.B. durch unsere Eltern aktiv und bewusst begleitet werden, sondern weist auf eine Erfahrung hin, die ein dialogisches Verhältnis zur Welt bzw. zum anderen Menschen erkennbar macht. Wir lernen eigentlich niemals im bloßen Zugehen auf die Dinge aus unserem Willen, sondern in diesem verfeinerten Willen, der sich für das Andere aufschließt.

Loslassen im künstlerischen Schaffen – beim Malen

Während meines Zivildienstes habe ich mir in meinem kleinen Zimmer an Wochenenden oft die Zeit genommen, um zu malen und zu zeichnen. Es waren oft Bilder, die ich aus Skizzen weiterentwickelte. So nahm ich mir einen meiner selbst erstellten Skizzenblöcke und Skizzenbücher aus dem Regal heraus, nach dem Zufallsprinzip. Dieses Mal wollte ich nicht die Blöcke mit Kunstobjekten aus Museen mit „richtiger, großer Kunst" oder meine Naturbetrachtungen zur Vorlage nehmen, sondern ganz aus dem Gefühl heraus etwas zu Papier, auf die Leinwand bringen.

Ich saß vor meiner 1,00 x 2,00 m großen weißen leeren Leinwand, die vor meinem Bücherregal stand – neben meinem kleinen Schreibtisch, der vor dem Fenster stand – und wollte anfangen. Mir wollte zu Beginn nichts einfallen, ich konnte, als ich so dastand und etwas Schönes, Künstlerisches, Gefühlvolles fühlen „wollte", nichts empfinden. Die Farben und Formen ließen sich nicht fassen, erspüren. So sehr ich mich auch anstrengte, Bilder oder Gefühle vor und in mir auftauchen zu lassen, merkte ich, dass es auf diese Weise, mit festem Entschluss und Vorsatz, nicht passierte. Was sonst oft unbewusst und unwillentlich „mit mir" passiert, wollte nun nicht passieren. Erst als ich die Pinsel und Farben wieder in meine Kiste mit Pigment-Gläsern und anderen Farbtuben wegpacken wollte – und ich keine Absicht mehr hatte – stieg ein Gefühl von Wut und Kraft in mir auf. Plan- und ziellos begann ich, drauflos zu malen, ich dachte nicht mehr nach, ordnete nicht mehr, wie sonst in kleinen Pausen das Papier, die Proportionen – und korrigierte nichts.

Langsam begann die Form eines Körpers vor mir auf der Leinwand zu entstehen, ich malte immer weiter, ohne nachzudenken, bis ich merkte, dass die Gestalt ein Dämon wurde, der schnaubend, mit einer Grimasse aus Rot und Schwarz, vor mir stand. Er strahlte eine aggressive Kraft aus und bäumte sich vor mir auf, wollte mich angreifen. Ich erschrak, in diesem Augenblick trat ich einen Schritt zurück und löste den Blick von der Leinwand, von dem Dämon. Jetzt merkte ich, wie der Schrecken und die Kraft, die von ihm ausgingen, mir nichts mehr anhaben konnten. Der Schreck verschwand, ich ließ den Pinsel sinken und sagte mir: nun ist ES / ER fertig.

Ich war erstaunt über mich selbst und den Prozess, der in mir und auf der Leinwand passierte. Ich fühlte mich erschöpft und durchkraftet, wie nach einer Stunde Bahnenschwimmen im Schwimmbad und danach unter einer heißen Dusche stehen, so ein warmes wohliges Gefühl breitete sich in mir aus.

In dieser ersten Erinnerung des künstlerischen Arbeitens entstand etwas, was befremden, ja sogar erschrecken kann. Dieses „aus sich heraus tun" von innerem Gefühl und Bildhaftem birgt die Möglichkeit der neuen Akzeptanz und freien Verbindung, um sich selbst neu zu verstehen.

Loslassen beim tätig sein – einen Holzbalken behauen

Ich hatte während meiner Lehre zum Zimmermann in Unterfranken an einem Tag die Aufgabe, mit einem Breitbeil einen Eichen-Rundstamm eckig zu einem Balken zu behauen. Einen Tag Zeit hatte ich von meinem Altgesellen dafür bekommen. Er zeigte mir zu Beginn einmal, wie er den Balken behaute, dann sollte ich es versuchen. Bei etlichen Versuchen rutschte ich mit der Klinge ab. Mein Breitbeil war handgeschmiedet und lag gut in meinen Händen, aber das Ergebnis war nicht gut, die Oberfläche war aufgesplittert und faserig. Die Fingerknöchel prellte und schlug ich mir mehrmals beim Abrutschen am Stamm auf, sodass ich leicht blutete. Ich verzweifelte fast, weil ich mir oft weh tat und das Behau-Ergebnis für mich nicht stimmte. Ich verkrampfte oft in den Armen und Händen, musste öfters Pausen einlegen, weil ich noch nicht den richtigen Rhythmus und die Handhabung des Werkzeugs herausgefunden hatte. Irgendwann, in diesem Zustand der beginnenden Verzweiflung, den Schmerz in den offenen Fingerknöcheln und meine Wut über das schlechte Ergebnis und über mein Versagen spürend, begann ich meinen zuvor fixierten Blick von der Klinge zu lösen, atmete ruhig durch und ließ locker. Langsam schwang ich das Breitbeil, etwas schräg zur Faser des Holzstammes.

Ich dachte nicht mehr, sondern bebeilte einfach, ohne nachzudenken, ohne Plan – und ich merkte, wie ES durch mich tat. Der richtige Rhythmus mit dem Beil war klar für mich zu spüren. Ab jetzt war das Ergebnis gut. Der Stamm war glatt, eben und plan. Es ging mir leicht von der Hand. Ohne abzusetzen, konnte ich auf einmal das Beil führen. Nach mehreren Stunden des Versuchens hatte ich unbewusst die richtige Geisteshaltung erspürt – intentionslos zu werden und die richtige, entspannte Körperhaltung, ohne große Anspannung, ohne Wehtun, ohne Fehlschläge gefunden – und konnte Bebeilen.

Hier wurde mir deutlich, etwas zu wollen und trotzdem erst loslassen, ist der Schlüssel um den Einklang zwischen Körper, Werkzeug und Werkstück – den wir nicht nur aus aktivem Willen schaffen können – geschehen zu lassen und diesen neuen Freiraum des Tuns „zu erreichen".

Hier war ich einen Schritt weiter: Es ist ja nicht das Fehlen eines Gefühls und einer Idee, was ich tun wollte – beides war ja vorgegeben und bekannt. Auch fand ich in die Aktion, nur eben gleichzeitig in die Verkrampfung, die Stamm und Mann beeinträchtigte. Ich habe den Zustand „intentionslos" genannt. Aber es kommt ja noch eine andere Ebene hinzu: Das Ergebnis wollen und trotzdem erst loslassen, um den Einklang zwischen Körper, Werkzeug und Werkstück – den wir nicht nur aus aktivem Willen schaffen können – geschehen zu lassen.

Loslassen beim Sport – im Freikampf beim Aikido

Während des Aikido-Trainings, einer japanischen defensiven Form der Selbstverteidigung, habe ich während des freien Kämpfens, eine neue Haltung durch Loslassen entdeckt. Beim Freikampf, japanisch „Randori", sind weder Angriffe noch Verteidigungs-Techniken vorgeschrieben, es wird für drei Minuten der gemeinsame Kampf geübt: mit dem Ziel, den Partner oder Gegner zu Boden zu führen und zu immobilisieren. Ich befand mich auf der Mattenfläche, im Dojo, dem Übungsort. Ein anderer Meister und ich hatten uns entschieden, einen Freikampf zu kämpfen. Wir begannen den Kampf mit einer kurzen Verbeugung, ich merkte schnell, dass mein Gegner technisch sehr stark und schnell war und hatte Mühe, meine Techniken anzuwenden. Bis ich im Stress einen Augenblick innehielt, mich zentrierte, meine Atmung in den Unterbauch zum Körperschwerpunkt lenkte, mich verwurzelte, mich mit meinen Beinen und Füßen sicher hinstellte. Augenblicklich wurde ich ruhiger, ich löste den Blick von meinem Gegner und öffnete meinen Wahrnehmungsradius. Ich schloss den Kreis um mich herum mit dem Umgebungssinn.

Als mein Gegner erneut angreifen wollte, spürte ich im selben Augenblick seine Absicht, wich intuitiv – ohne Nachzudenken – aus, kontrollierte den Angreifer und führte ihn zu Boden. Dies hat mir gezeigt: wenn ich den Blick löse und öffne, handle ich intuitiv. Die Abwehr passiert einfach, ohne Plan und Absicht. Sobald ich die Rolle wechselte und Angreifer war, wendete ich instinktiv den die Lücke suchenden, fixierenden Blick an, um die beste Möglichkeit des Treffens und Siegens zu haben. Nach 20 Jahren des Aikido-Trainierens habe ich in den letzten 10 Jahren eine neue Haltung entwickelt, die mir neben der körperlichen Übung durch Wiederholung ein neues Verstehen, ein neues Bewusstsein in der Kampfkunst ermöglicht, das konkret übertragbar auf andere praktische Fertigkeiten ist. Durch den offenen, sphärischen Blick bin ich dichter an der Intuition dran und kämpfe schneller, sicherer und absichtsloser im Freikampf – Randori.

Der sphärische, offene, nicht fixierende Blick ermöglicht einen neuen Zwischenraum, der, wenn die Haltung der Akzeptanz und Empathie hinzu kommt, einen anderen, zukunftsweisenden Dialog ermöglicht, weg vom egozentrischen Blick: wie gewinne ich und kann Macht ausüben.

Und noch ein nächster Schritt. Wenn ich mit einem anderen Menschen (weder mit Leinwand noch Baumstamm schaffen wir einen entsprechenden Dialog) gemeinsam in Bewegung bin, kommt die Kraft ja aus dem sphärisch wahrnehmenden Annehmen der fremden Bewegung, nicht aus dem muskelgetriebenen Eigenwillen. Ich halte den sphärischen Blick für eine sehr wesentliche Entdeckung für das Lernen!

Loslassen von Beziehung – die Trennung von ersten meiner Ehefrau

Am Tag des Auszugs aus der gemeinsamen Wohnung, nachdem ich alle Kartons gepackt und den Umzugs-LKW beladen hatte, setzten meine Frau und ich uns ein letztes Mal zusammen, um die rechtlichen Dinge und die Gütertrennung zu besprechen. In diesem Augenblick der Trennung, gab es eine kurze Zeit, etwa 20-30 Minuten, in dem alle vorangegangenen Konflikte wie weggeblasen, aufgelöst erschienen. Meine Ehefrau und ich fühlten uns so nah und in Liebe, wie zu unseren guten Zeiten.

Es verblüffte mich im Nachhinein sehr, dass in dem Moment des Loslassens die unauflösbaren Konflikte mit all den Facetten, z.B. dem Gefühl von Schmerz, dem Verletzen und dem Verletztsein, in den Hintergrund traten und ein neuer Zwischenraum fast physisch spürbar wurde.

Das Loslassen, wenn es keinen Kampf, keinen Streit mehr zu gewinnen gab, keine Fragen von Schuld, Scham oder Macht mehr wichtig sind, wurde ein Schlüssel für mich. Ein neues gemeinsames Miteinander konnte entstehen, nachdem die alte Form der Beziehung beendet war. Dies war für mich in diesem Moment erlebbar. Raum geben, sich öffnen, ermöglichte ein neues Interesse, was „dazwischen sein" bedeutet, das

Loslassen physisch und seelisch, ermöglichte einen
Übergang zu einer neuen, anderen freundschaftlichen
Beziehung, ohne zu bewerten , zu beurteilen, oder gar zu
verurteilen.

Als wir beide aufgehört hatten, einander zu bekriegen,
war es möglich, das gelebte Gemeinsame nicht
nachträglich auszulöschen, sondern „es" diente für eine
neue, andere, gemeinsame freundschaftliche Basis.
Diese „Haltung" ermöglichte, dass wir das Scheitern
besser integrieren und daran wachsen konnten. Bei
diesem Schritt entsteht wieder eine neue Ebene: Es geht
um das Leben mit der gemeinsamen Geschichte.
Dadurch, dass wir offenbar beide losgelassen haben,
sich im Auseinandergehen weiterhin zu bekriegen, war es
möglich, das gelebte Gemeinsame nicht nachträglich
auslöschen zu wollen - ein wesentlicher Schritt der
Bearbeitung menschlich-sozialen Scheiterns.

Loslassen durch Unfall – berufliche Ideen und Lebensentwürfe

Erst als ich einen Arbeitsunfall durch einen Sturz mit
einem mehrfachem Bänderriss erlitt, befasste ich mich –
äußerlich gezwungen – im Krankenhaus mit der
Möglichkeit, nicht mehr auf dem Bau arbeiten können.
Viele Jahre war ich stolz auf meine Kraft, meine
Körperlichkeit, meine handwerklichen Fähigkeiten und
Fertigkeiten. Ich hatte mich darüber persönlich lange Zeit
sehr identifiziert. Nun konnte ich mein linkes Bein nicht
mehr physisch schwer belasten. Ein halbes Jahr
versuchte, dagegen anzukämpfen Ich merkte nach kurzer
Zeit beim Arbeiten, dass ich auch nach wochenlanger
Physiotherapie, nicht mehr in der Lage war, 8-12 Stunden
täglich auf dem Bau zu arbeiten.

In mir stiegen Gefühle von Frust, Wut und Ohnmacht auf.
Ich wollte die Realität nicht wahrhaben. Verhandeln nütze
nichts. Ich war auf mich zurückgeworfen. Dies war ein

15

Moment, in dem die Stille hörbar wurde. Erst als ich die alte Idee der Selbstständigkeit und den Lebensentwurf im Handwerk loszulassen begann, öffneten sich andere Möglichkeiten und Türen: mit der Arbeit im sozialen Bereich, z.B. in der Förderschulpädagogik, der Jugendhilfe, der Eingliederungshilfe und auch im Ehrenamt mit der Krisenintervention und Trauer- und Sterbebegleitung und anderen Handlungsfeldern.

Die Idee, berufsbegleitend zu Studieren, war geboren. Ich ging die ersten Schritte, der Boden trug mich...Ich führe den biografischen Faden zu dem großen Gebiet der Identifikation mit einer sinnstiftenden Arbeit weiter - weiter in die Gegenwart.

1.3 Demut

Im Erleben der vielen zum existenziellen Begegnungen
mit den verschiedenen Menschen in Not, fiel mir auf,
dass es an den Grenzen des Lebens einen Punkt des
Wandels, der Veränderung gibt. Der Rückblick auf das
eigene Leben, die eigenen Verluste, Bilanz ziehen,
geschieht meist in Träumen, im Halbschlaf oder im
monologhaften Gespräch. Einige machen diesen
Rückblick in der Stille, ganz für sich allein - anderen
wiederum hilft die stille Anteilnahme eines anderen. Im
Begleitenden kann der Betroffene Raum finden, sich
selbst, seinem Leben, seinen Erinnerungen zu
begegnen. Im und am Gegenüber kann es oft leichter
geschehen, dass für den opfernden, loslassenden
Menschen Ordnungen, Zusammenhänge und
Sinnhaftigkeit erkennbar werden, dass Ereignisse sich
zueinander fügen und z. B. Versäumnisse, Scheitern,
Schuldhaftes in einem anderen Sinnzusammenhang
angenommen werden können.

Wie sieht ein Demütiger aus?

Im Mittelalter gab es den frommen jüdischen Gelehrten
Mose ben Nachman, der sagte: „Einen Demütigen
erkennt man an seinem Verhalten, an seinem Äußeren.
Ein Demütiger spricht mit Gelassenheit und hat seinen
Kopf stets geneigt. Ein Demütiger hat seine Augen
niedergeschlagen, doch sein Herz wendet er ganz nach
oben. Er vergilt nicht Böses mit Bösem und erträgt willig
den Spott anderer."
Kurz nach Verfassung dieser Worte brachen fanatisierte
Kreuzfahrer auf nach Jerusalem, um das „Heilige Land
von den Moslems zu befreien". Ihr Kreuzzug begann
allerdings schon hier mit der Jagd auf jüdische
Bewohner, die im Schatten der deutschen Dome lebten.
Es kam zu Pogromen. Viele Juden haben dann

tatsächlich oft „demütig" reagiert, haben sich wehrlos schlagen und umbringen lassen mit niedergeschlagenen Augen und stillem Leiden. Hat Mose ben Nachman das so gemeint? Hat Gott das gemeint, wenn er im Propheten Micha sagt: „**Es ist dir gesagt, Mensch, was gut ist und was der Herr von dir fordert, nämlich Gottes Wort halten und Liebe üben und demütig sein vor deinem Gott**"(Micha 6,8) Heißt demütig sein, dass man sich nicht wehren darf, dass man eigentlich im Grunde keinen eigenen Wert beanspruchen darf?

Heißt Demut: Den Schwanz einziehen, zu allem schweigen, dass man sozusagen nur „heimlich" auf der Welt sein darf? Ich kenne Menschen mit einer demütig gebückten Haltung und einem stets süßlichen Lächeln nach dem Motto: „In meiner Demut lasse ich mich von niemandem überbieten!" Menschen, bei denen man den Eindruck hat: Obwohl die Haltung demütig wirkt, ist das Herz nicht bei Gott, sondern nur bei sich selber und bei dem Gedanken: „Bin ich auch demütig genug, dass ich in den Himmel komme?"

Luther meint dazu: „Wahre Demut vergisst ganz, dass sie demütig ist!" Biblisch gesehen ist Demut keine bestimmte Körperhaltung, sondern eine Herzenshaltung, etwas, das unseren natürlichen Augen entzogen ist. Klar für Gewaltlosigkeit eintreten, ist in Zeiten vom Verlust des Mitgefühls schwer zu disskutieren.

Die kirchliche Hochachtung der Demut

Für die Mütter und Väter des Glaubens ist die Haltung der Demut die Grundhaltung christlicher Frömmigkeit. Origenes sieht im 2. Jahrhundert n. Chr. die Welt in einem Gegenüber von Licht und Dunkel. Auf der dunklen Seite regiert die Hochmut. Sie ist die Wurzel aller Sünde. Auf der Lichtseite herrscht die Demut. Sie ist die Wurzel aller Tugend. Für ihn kommen alle guten Werke aus dieser Grundhaltung des Herzens. Das demütige Herz ist gleichsam das fruchtbare Ackerfeld, auf dem alle guten

Pflanzen des Glaubens gedeihen. Auch Kirchenvater Augustin befasst sich im 5. Jahrhundert intensiv mit dem Thema Demut. Für ihn kämpfen Stolz und Demut ein Leben lang miteinander.

Johannes Chrysostomus sagt: „Demut ist die Mutter aller Tugenden, die Elementartugend, aus der alles Gute hervorwächst." Geiler von Kaisersberg, ein berühmter Straßburger Prediger im 15. Jahrhundert, der mit bildhaften Predigten wahre Menschenmassen angezogen hat, bindet Demut und Glaube eng zusammen. Gemeinsam ergeben sie für ihn das „Fundament des christlichen Lebens". Demut ist sozusagen „das Loch", der ausgehobene Keller, und Glaube, das sind die Grundsteine, die nun in diesen Keller hineingelegt werden und auf denen der ganze Bau des Hauses steht. „Demut üben" heißt also: nach unten gehen, zu Boden gehen, ein Loch graben, damit Glaube, Liebe, Hoffnung in uns wohnen können.

Hier klingen mönchische Gedanken an.Cassianus, einer der Väter des Mönchtums, sagt: „Dämonen werden durch nichts anderes besiegt als durch Demut!" In asketischen Klöstern kann man deswegen hören: „Erst wenn wir den Leib abtöten und keusch leben, wenn wir Buße tun und die eigenen Bedürfnisse in uns töten, hat Gott Raum, dass er ganz in uns wohnen kann." Aber ist das biblisch? Geht es bei der Demut um die Selbstauslöschung des Ich? Demut und die Germanen – oder: was den natürlichen vom geistlichen Menschen unterscheidet! Demut war für unsere germanischen Vorfahren etwas Wesensfremdes. Der Begriff „Demut" kam in ihrem Wortschatz nicht vor. Ihre Lieblingsgeschichte in den Evangelien war die Stelle, als Petrus bei der Gefangennahme Jesu dem Knecht des Hohenpriesters ein Ohrläppchen abgeschlagen hat.

Diesen Gefühlsausbruch, dieses Kämpfen mit dem Schwert für die Gerechtigkeit konnten sie nachvollziehen. Das, was Jesus dagegen brachte, Liebe und Verzeihen, war unseren Vorfahren zunächst einmal völlig fremd. Da prallten natürlicher und geistlicher Mensch aufeinander, und dazwischen lag die Demut.

Friedrich Nietzsche hat geschrieben, das Christentum habe den Germanen ihren „natürlichen Selbstbehauptungstrieb"genommen und sie zu Knechten und Sklaven gemacht. Demut sei – so Nietzsche – ein „Sklavengeist", etwas, das den Menschen ihre Freiheit, ihren „gesunden Kämpfergeist" nehme.

Heute würde er vielleicht formulieren: „Demut macht die Menschen zu Memmen!"Als die iro-schottischen Mönche kamen, um den Deutschen das Evangelium zu bringen, kannten sie bereits das lateinische Wort „humilitas" (Niedrigkeit, Kleinheit). „Humus" steckt da drin: der Erdboden. Eine menschliche Eigenschaft also, die damit zu tun hat, zu Boden zu gehen. Wir denken an biblische Sätze, in denen sich Menschen vor Gott wie Abraham „in Staub und Asche werfen" (1. Mose 18,27) oder sich im Angesicht des Allmächtigen als „ein Wurm" empfinden (Psalm 22,6).

Demütige sind also „Kellerkinder", die nahe am Boden leben – gleichsam „im Loch" könnte man annehmen. Dafür steht die Bezeichnung „Humilitas". Aber wie sollte man das nun in die Sprache der kämpferischen Germanen übersetzen? „Diomuti" schien das Wort zu sein, das wie ein Schlüssel erklärt, welches die Grundhaltung des Christen vor Gott sein soll. „Diomuti" ist althochdeutsch und steht im Gegensatz zum lateinischen „lucrum" (Gewinn, Lohn).

Der „Diomuti" ist einer, der ohne Lohngedanken seinen Dienst tut und in völliger Loyalität. Einer, der immer und überall von der Weisung seines Herrn und in völligem Gehorsam lebt. Aber entscheidend ist das eine:

Der „Diomuti" ist kein Sklave, kein von vornherein
Abhängiger! Er tut seinen Dienst freiwillig. Er tritt aus
eigener Entscheidung in den Dienst seines Herrn.
Erkennt und anerkennt die Macht und Stärke seines
Herrn. Dieses Wort Demut, das sich von dem „Diomuti"
her entwickelt, bedeutet also nicht: gehorchen, weil man
muss, weil man Sklave ist – wie Nietzsche meint –,
sondern: gehorchen aus Weisheit heraus, weil man den
wahren Herrn erkannt hat. Entspricht das nicht auch dem
biblischen Zeugnis?

Demut im Alten Testament

Zunächst ist Demut im Alten Testament tatsächlich – wie
der jüdische Rabbi Mose ben Nachman beschreibt – eine
gewisse Haltung. Das zugrunde liegende hebräische
Wort „'nh"(ana) heißt so viel wie: „sich ducken, sich
beugen". Wenn z.B. irgendwo ein großer Löwe auftaucht
und man sofort erkennt, wer hier der Stärkere ist, dann
bleibt nur noch eines: sich ducken und in Deckung
gehen. Es ist also durchaus eine bestimmte Haltung, die
als Bild hinter diesem Wort steckt, gemeint aber ist die
Herzenshaltung. Des Weiteren: Demut wird im Alten
Testament noch nicht über Gott ausgesagt.
Gott ist der Souverän. Er ist nicht der, der sich duckt,
beugt oder vor irgendjemandem in Deckung gehen muss.
Dies ist allein die Haltung, die dem Menschen zukommt,
und es ist die einzige Haltung, die Gott gegenüber korrekt
ist: „Suchet den Herrn, alle ihr Elenden im Lande, die ihr
seine Rechte haltet! Suchet Gerechtigkeit, suchet Demut!
Vielleicht könnt ihr euch bergen am Tage des Zorns des
Herrns" (Zefanja 2,3). Mit jedem Wort drückt dieser Satz
aus: Gott ist größer und stärker als jeder Löwe. Der
einzige Weg, vor ihm zu bestehen, ist die Demut. In
Sprüche 15,33 heißt es: „Die Furcht des Herrn ist Zucht,
die zur Weisheit führt und ehe man zu Ehren kommt,
muss man Demut lernen." In diesem Vers ist beides
drin:Einerseits gehört es zur Furcht des Herrn, dass man

Demut lernen muss und dass es die einzige Haltung ist, wie man vor dem großen Gott existieren kann. Dies zu erkennen, hat etwas mit Weisheit zu tun, mit Klugheit. Wer klug ist, der geht vor Gott in die Knie, weil er erkennt, dass es einen himmelweiten Unterschied zwischen Schöpfer und Geschöpf gibt. Doch es gilt auch das andere: Wer vor Gott demütig handelt, wird zu Ehren kommen. Eine demütige Haltung hat positive Folgen für den Menschen – genauso wie der Hochmut negative Konsequenzen bringt.

Sprüche 18,12 spitzt es zu: „Wenn einer zugrunde gehen soll, wird sein Herz zuvor stolz; und ehe man zu Ehren kommt, muss man demütig werden."

Manchmal kommt die Demütigung auch von außen, von Gott her, wenn z.B. Krankheit oder ein anderes Schicksal hereinbricht. Auch das Babylonische Exil wird als Demütigung angesehen. Der Mensch wird dabei klein und arm, aber – es ist wie bei einem Hund, der sich auf den Rücken legt: Spätestens jetzt ist der Kampf aus. Wer auf dem Rücken liegt, wird nicht auch noch zertreten werden! Auch der Arme, der Kleine, der Geringe hat ein eigenes Recht und eine eigene Würde. „Er soll dem Elenden im Volk Recht schaffen und den Armen helfen und die Bedränger zermalmen" (Psalm 72,4).

Wer keinen eigenen Stand mehr hat, wird von Gott aufgerichtet und zu Ehren gebracht. In 5.Mose 8,2ff. heißt es: „Und gedenke des ganzen Weges, den dich der Herr, dein Gott, geleitet hat diese vierzig Jahre in der Wüste, auf dass er dich demütigte und versuchte, damit kund würde, was in deinem Herzen wäre, ob du seine Gebote halten würdest oder nicht. Er demütigte dich und ließ dich hungern und speiste dich mit Manna, das du und deine Väter nie gekannt hatten, auf dass er dir kundtäte, dass der Mensch nicht lebt vom Brot allein, sondern von allem, was aus dem Mund des Herrn geht."

Die Wüste – ein Ort der Demütigung, aber auch ein Ort der Erziehung und Erkenntnis, dass Gott die Kleinenund

Schwachen nicht vernichtet, sondern versorgt und führt. Wenn Friedrich Nietzsche in der Demut eine Sklavenmoral sieht, so finden wir im Alten Testament etwas ganz anderes: Es ist nicht die Haltung eines Sklaven. Nein, es ist die Haltung eines Weisen, der klugerweise erkennt: Gott ist der Schöpfer, vordem sich Demut gehört. Demut ist die Haltung der aus der Knechtschaft Befreiten, die nun in der Beziehung mit dem lebendigen Gott leben, freiwillig und gern.

Mose als Beispiel eines demütigen Menschen

Im Alten Testament wird uns Mose als Beispiel des demütigen Menschen schlechthin gezeigt: „Mose war ein sehr demütiger Mensch, mehr als alle Menschen auf Erden" (4. Mose 12,3). Er war eine starke Führerpersönlichkeit, keiner mit geneigtem Kopf und gesenkten Augen. Er konnte durchaus zornig werden. Am äußerlichen Verhalten war seine Demut sicher nicht immer zu erkennen, aber er war ein Geretteter aus Gnaden. „Mose" heißt: aus dem Wasser herausgezogen! Über den hebräischenKnaben hing der Tötungsbeschluss des Pharaos, doch Mose hat überlebt. Er war ein Geretteter, ein Begnadigter, und er hat darauf mit Gehorsam reagiert. Er lebte aus der Begegnung mit dem lebendigen Gott, aus dem Hören auf sein Wort. Moses Herz, so engagiert, so verzagt, so trotzig es manchmal auch gewesen sein mag, es war beim Herrn! Das ist die rechte Demut.

Demut im Neuen Testament

Das griechische Wort für Demut ist „tapeinos". Im allgemein-griechischen Sprachgebrauch hatte dieses Wort zunächst eine eher negative Bedeutung im Sinne von etwas „Sklavischem" – wie bei Nietzsche. Der antike Grieche wollte anders sein, nicht „tapeinos"! Vielmehr aufrecht, frei und selbstbestimmt. Ganz anders im Neuen Testament: Durchgehend begegnet der Begriff „tapeinos" in einem positiven Zusammenhang. Er bedeutet: Nächstenliebe und Selbstvergessenheit. „Gott stößt die Gewaltigen vom Thron und erhebt die Niedrigen" (Lukas 1, 52).

Demut gilt als etwas Vorbildhaftes

Beim Rangstreit der Jünger stellt Jesus ein Kind in die Mitte und sagt: „Wer nun sich selbst erniedrigt und wird wie dieses Kind, der ist der Größte im Himmelreich" (Matthäus 18,4) Und dann das Neue des Neuen Testamentes: Im Alten Testament ist immer der Mensch demütig, von Gottes Demut wird dort nicht geredet. Im Neuen Bund dagegen offenbart sich Gott selbst als der Demütige schlechthin. Er ist der, der in Jesus Christus sich zu den Menschen beugt, nach unten geht, am Kreuz zu Boden geht, sich duckt. Beispielhaft in der Geschichte von der Fußwaschung der Jünger (Johannes 13). Jesus tut hier, was im gehobenen Haushalt die Aufgabe des untersten Sklaven war: das Waschen der Füße von Besuchern „Der Menschensohn ist nicht gekommen, dass er sich dienen lasse, sondern dass er diene und gebe sein Leben zu einer Erlösung für viele" (Matthäus 20,28). Kein Gott, der sich bedienen lassen will, sondern einer, der uns dient, auf dass wir das Leben haben. Seine Hingabe ist gleichsam der Wurzelboden, das Fundament, auf dem auch unsere Liebe wächst. Die Geschichte von der Fußwaschung schließt ab mit dem Auftrag an die Jünger: „Ein Beispiel habe ich euch gegeben, damit ihr tut, wie ich euch getan habe" (Johannes 13,15).

Aus dem Sacramentum wird ein Exemplum, aus dem Urbild das Vorbild: Jesus dient uns, auf dass wir einander dienen. Dieselbe Bewegung begegnet im Philipper-Hymnus (Philipper 2,5-11). Darin wird der Selbstverzicht Gottes in Jesus Christus beschrieben. Er verzichtet auf seine göttliche Gestalt, damit er uns Menschen nahe sein kann. Und auch hier der Auftrag: „Seid so untereinander gesinnt, wie es auch der Gemeinschaft in Jesus Christus entspricht. Tut nichts aus Eigennutz oder um eitler Ehre willen, sondern in Demut achte einer den andern höher als sich selbst, und ein jeder sehe nicht auf das Seine, sondern auf das, was dem andern dient" (Philipper 2,2ff). Jesus gibt sein Gottsein nicht auf, aber er verzichtet darauf, es vor den Menschen Gestalt werden zu lassen, weil diese unbändige Kraft wie der Löwe den Menschen erschrecken würde. Gott möchte nicht unsere Angst, sondern unsere Liebe – die Liebe der Freien.

Paulus als Beispiel eines demütigen Menschen
Paulus sagt: „Alles ist erlaubt, aber nicht alles baut auf. Niemand suche das Seine, sondern was dem anderen dient" (1. Korinther 9, 23). Paulus zeigt uns die klare Haltung des freien Menschen. In Christus sind wir befreit von Tod, Teufel, Sünde und Hölle. Aber als Freie in der Bindung an Christus werden wir zu Dienern der Menschen, werden „Jesus Christus gleich gestaltet" (Philipper 3,21) – auch in seiner Demut. Auch Paulus war keine „Memme", sondern eine starke Persönlichkeit. Seine Demut war ein Stück tapferes Aufrechtgehen.

Luther und die Demut
Für mittelalterliche Mönche war das Erwerben der Demut eine lebenslange Aufgabe: tägliche Buße, Selbst-kasteiung bis hin zur Selbstauslöschung. Luther ist an dieser Aufgabe bei aller Anstrengung und Ernsthaftigkeit gescheitert. Sein Gewissen hat in der eigenen „Werkerei" keine Ruhe gefunden. Erst bei Christus entdeckt er Frieden und den Grund, auf dem sein Glaube sicher steht. In einem Bild formuliert er es so: „Demut ist das Zurückschlupfen des Kükens unter die Flügel der Henn." Darin spiegelt sich nicht ein Verhältnis des Sklaven zum Herrn, sondern die Beziehung einer Mutter zu ihrem Kind. Darin finden sich höchste Freiheit und gleichzeitig höchste Geborgenheit.

Am Vorabend seines Todes schreibt Luther mit verlöschender Kraft einen Brief an seine Ehefrau. Im letzten Satz steht ein Wort tiefster Demut: „Wir sind Bettler, das ist wahr!"

Demut ist Mut zum Dienen. Demut ist also etwas anderes als das, was man sich gemeinhin darunter vorstellt: nicht dieses Geduckte, Memmenhafte, nicht der Sklavengeist, den Nietzsche den Christen vorwirft. Wir müssen uns als Christen kein bestimmtes Aussehen angewöhnen, an dem man unsere Demut ablesen kann. Es ist die Herzenshaltung, die in der Liebe zur Tat wird.

Demut ist nicht ein Selbstverzicht, bei dem man dauernd seine Opfer beklagt – ähnlich dem älteren Bruder im Gleichnis vom verlorenen Sohn. Dieser war zwar äußerlich brav und demütig, aber sein Herz war nicht wirklich beim Vater. Demut ist vielmehr die Haltung des Vaters, der sich selbst ganz vergisst, weil er die Not seines Sohnes sieht. Er beugt sich hinunter zu ihm und richtet ihn auf und vergisst dabei völlig, dass er demütig ist.

1.4 Stille und Meditation

Ist die Meditation mit der Stille verbunden? Das kann ich mit einem klaren Jein beantworten. Wir leben in einer Welt, in der es eine große Wohltat ist, die Stille zu erleben; und sie gibt es immer seltener. Es könnte sein, dass Stille eine Ressource wird, die noch wertvoller ist, als sauberes Wasser, oder noch seltener. Unsere Seele braucht die Stille. Eckart Tolle sagt »Die Stille ist die Muttersprache Gottes«.

In der Stille können wir die Essenz von dem erfahren, was unsere Gedanken mit Worten und Begriffen nicht mehr begreifen können. Und wenn ich meditiere, merke ich, dass ich Teil dieser Essenz bin. Dass es etwas in mir gibt, was unergründlich, unzerstörbar, unverletzbar, groß, weit, offen, friedvoll und frei ist. Das ist das Ja dieser Antwort.

Das Nein dieser Antwort ist: Ich kann meditieren im Bus, im Zug, wenn ich zur Arbeit fahre, und höre die Schienen quietschen und die Menschen sprechen, und ich gehe in meinen Atem oder ich visualisiere ein Licht. Ich komme mit meiner Aufmerksamkeit nach innen zu mir, und dann beginne ich die Stille hinter den Geräuschen zu hören. Ich beginne diese Essenz zu schmecken, die hinter der lärmenden Welt ist, in der lärmenden Welt. Ich brauche mich in dem Sinne gar nicht von der lärmenden Welt trennen. Ich richte einfach meine Aufmerksamkeit nach innen zu mir und halte Einkehr bei mir selbst. Diese Einkehr bei mir selbst ist vollkommen unabhängig von dem Geräuschpegel, der außen um mich herum ist, bis hin an den Punkt, wo ich die Stille hinter der Stille höre, spüre und eins werde mit ihr. Wir neigen dazu, uns ablenken zu lassen und mit unserer Aufmerksamkeit größtenteils im außen zu hängen.

Die Gehirnforschung beschreibt, dass wir alle drei Sekunden ungefähr einen Gedanken haben, und zu 98 Prozent ungefähr die gleichen Gedanken am Tag. Ein mahlendes Mühlwerk, ein Räderwerk von Gedanken, was unser Bewusstsein im Alltag erfüllt. Deswegen ist es ein gutes Fahrzeug und Hilfsmittel, wen ich mir meinen Atem nehme, um meine Gedanken darauf zu fokussieren – und dann passiert etwas mit mir. In der Meditation gehe ich ganz praktisch in die Übung mit meiner Bewusstheit und meinem Aufmerksamkeitsfokus. Ich manipuliere meinen Atem nicht, sondern ich bleibe nur wacher Beobachter, der mit meiner Aufmerksamkeit meinen Atem begleitet.

Die Erfahrung zeigt mir, dass ich dann irgendwann vollständig damit verschmelzen kann, wo die Trennung zwischen dem Subjekt „Linus", der atmet" und „Linus, der beobachtet" verschwindet. Das heißt, derjenige, der den Atem bewusst wahrnimmt, ist der Gleiche, wie der, der atmet. Das ist ein Zustand, der mit Übung erreichbar ist.

Das Erste, was ich in der Meditation erfahren habe war, dass alles, was auftritt, auch wieder endet, und das gilt insbesondere für die Achtsamkeit. Das Zweite, was ich gelernt habe, dass man eigentlich gar keine Kontrolle über den eigenen Geist hat. Die meisten Leute denken, das Denken zum Beispiel wäre etwas Vorsetzliches oder Kontrolliertes.

Das Erste, was ich beim Anfang des Meditierens gelernt habe, ist, dass die allermeisten Formen des Denkens etwas sind, was einem passiert. Wie die Peristaltik, wie die Darmbewegungen, dass es in einem denkt. Gottfried Benn hat gesagt: »Da unten bildert es«, das heißt, da läuft ein ständiger Strom von Assoziationen ab. Die aktuelle Hirnforschung nennt diesen Grundzustand den „default mode".

Unser Gehirn wird sehr aktiv, wenn es nichts zu tun gibt und keine Aufgabe zu lösen hat, meistens indem es nächste Prioritäten plant, Tasks sortiert, die nächsten Aufgaben, aber auch, indem es sich von unangenehmen Körpergefühlen ablenkt, durch angenehme Phantasien, sexuelle Fantasien, aber auch aggressive Fantasien.

Wenn ich da hinschaue, lerne ich, dass mir selbst ständig sehr viel „passiert", dass ich oft gar nicht mitbekomme, dass da etwas passiert, was ich nicht kontrollieren kann, dass das, was da passiert, mich aber ganz oft dazu bringt, sofort zu handeln.

Meditation kann man systematisieren, unterteilen in

1. objektgebundene Formen, bei denen man mit der Aufmerksamkeit immer wieder zu einem Objekt zurückgeht.
2. zum eigenen Atem (Mund, Luftröhre, Lunge, Bauch).
3. zum Klang eines selbstgedachten Mantras, das sie langsam verschwinden lassen in der Stille (eigene Stimme, Worte).
4. zu Körperempfindungen, Senkrechte, Knie, Beine, Füße.
5. zu Kontaktempfindungen der Haut.
6. »open monitoring«, einfach ein nicht zentriertes Gewahrsein, ein sich Zuwenden zu dem Moment als Ganzem.

Meditationsarten:

Passive Meditationen

Bei diesen Meditationen geht es in erster Linie darum, den Geist ruhig und leer werden zu lassen und dabei trotzdem präsent im Augenblick zu sein. Dies geschieht meist im regungslosen Sitzen in Stille (z.B. Zazen).Eine andere Möglichkeit ist, die Aufmerksamkeit und Achtsamkeit für die geistigen, emotionalen und körperlichen Phänomene im gegenwärtigen Augenblick aufzubringen, ohne diese zu bewerten oder verändern zu wollen. Hier steht die Qualität der Aufmerksamkeit, die wir jedem Moment entgegenbringen im Vordergrund (z.B. Body Scan, Vipassana). In anderen Meditationen wird die Konzentration auf einen bestimmten Gedanken, ein Mantra, eine Kerze oder auf einen Punkt auf der Wand vor uns gelenkt. Dieses Fokussieren führt zu einem tiefen Beruhigen des Geistes.

Aktive Meditationen

Hier wird meist der Fokus auf das Außen gerichtet – auf die Musik, eine bestimmte Bewegungsabfolge, Tanzen, bewusstes Gehen, spezielle Atemtechniken, Ausdruck der Körperempfindungen und ähnliches. Dadurch ist der Verstand so beschäftigt, dass so gut wie keine anderen Gedanken Platz haben. Weitere Meditationen gibt es z.b.: Gehmeditation nach Thich Nhat Hanh, AUM-Meditation, Meditationen von Osho – Dynamische, Kundalini, Nataraj, No Dimensions, Chakra Breathing, Whirling, Chakra Sounds, Nadabrahma. Den Abschluss von aktiven Meditationen bildet meist eine Phase von Sitzen oder Liegen in Stille. Der Verstand ist dann schon zur Ruhe gekommen und kann weiterhin loslassen.

Fantasiereisen

In Fantasiereisen wird ein leichter bis mittlerer Entspannungszustand erreicht und der Verstand wird auf eine Reise – z.B. ein Palmenstrand – geführt. Fantasiereisen sind sehr gut mit Klangschalen kombinierbar. Eine wunderbare Methode, um vom stressigen Alltag abzuschalten und zu träumen.

Geführte Meditation

Eine weitere Methode – die speziell im Mentaltraining häufig verwendet wird – ist die geführte Meditation. Eine Einleitung – ähnlich dem Autogenen Training – hilft dabei, einen mittleren bis tieferen Entspannungszustand zu erreichen. Nun werden bewusst positive Bilder oder bestimmte Situationen erzeugt. Die bildhafte Sprache, die auch Metapher verwendet, spricht das Unterbewusstsein

an und unterstützt Veränderungsprozesse. Je nach Art
der Bilder wird das Selbstvertrauen gestärkt, Altes
verabschiedet und losgelassen, das gewünschte Ziel
erreicht, die Selbstheilungskräfte gefördert und vieles
mehr. Auf angenehme und entspannte Weise werden im
Unterbewusstsein erste passende Schritte gesetzt und
verankert. Auch Yoga, Qi Gong, Tai Chi, Autogenes
Training und viele weitere Entspannungsmethoden
zählen zur Meditation. Ebenso alle Tätigkeiten, die wir mit
unserer ungeteilten Aufmerksamkeit und Bewusstheit
ausführen. Selbst so einfache Handlungen wie Bügeln,
Geschirr abwaschen, Gartenarbeit, Holz hacken,
handwerkliche Tätigkeiten und vieles mehr können wir
zur Meditation werden lassen.

Meditation im Sitzen (tibetischer Buddhismus)

1. Die Augen sind weder weit geöffnet noch
   geschlossen. Man blickt längs der Nase nach
   unten. Öffnen des Blickes, peripher, sich lösend
   von den Dingen, die vor einem sind.

2. Der Kopf neigt sich leicht nach vorn wie eine
   volle Ähre auf einem geraden Halm. Nase und
   Nabel befinden sich auf einer Linie.

3. Zähne und Lippen werden nicht aufeinander
   gepresst. Die Zungenspitze berührt leicht den
   Gaumen. Dadurch wird häufiges Schlucken
   verhindert. Kinn leicht nach unten und etwas
   zurück nehmen.

4. Die Schultern sind entspannt, gerade und auf
   gleicher Höhe.

5. Der Rücken ist gerade, der Körper wird nicht zu

weit nach vorn oder hinten gebeugt. Die eigene Senkrechte immer wieder spüren und herstellen.

6. Die Hände ruhen ineinandergelegt mit den Handflächen nach oben im Schoß unterhalb des Nabels. Die Daumenspitzen berühren sich und bilden ein Dreieck. In den Schwerpunkt ein- und ausatmen (der physische Schwerpunkt liegt ca. 2-3 Finger unterhalb des Bauchnabels und ca. 3-4 Finger innerhalb des Bauches.).

7. Die Beine sind zur vollen oder halben Diamanthaltung gekreuzt. Bei der halben Diamanthaltung, die leichter einzunehmen ist, liegt der linke Fuß auf dem Boden unter dem rechten Bein und der rechte Fuß auf dem linken Oberschenkel. Sich schwer machen, verwurzeln, in den Boden versinken, oder ausfließen wie Wasser, hart und weich zugleich, unumstößlich still und auch beweglich.

Meditation im Gehen

Man geht auf und ab – was eigentlich an sich sinnlos ist –, aber es macht ganz klar, es ist nicht eine Meditation, wo wir irgendwo hingehen, um irgendetwas zu sehen oder zu holen oder zu schauen, sondern es ist einfach Gehen. In diesem Gehen bin ich wieder präsent, aufmerksam und sehe klarer und deutlicher und unmittelbar, was sich bei mir im Geist und im Herzen abspielt.
Die Geh-Meditation ist relevanter, alltagsnäher, als die Sitzmeditation. Wahrscheinlich verbringen wir im Alltag wenig Zeit, wenn wir beruflich tätig sind, mit Familie, indem wir still, unbeweglich dasitzen. Aber gehen tun wir viel, und wenn wir Gewahrsein, Achtsamkeit, Aufmerksamkeit, liebevolle Gelassenheit im formalen

Gehen üben, dann ist es auch eher möglich, sich im Alltag daran zu erinnern, wenn wir gehen, und dass dann auch dort wirklich zu integrieren, aktiv, bewusst zu tun und zu leben. Regelmäßiges Meditieren kann dazu verhelfen, tiefe Entscheidungs-Strukturen zu verbinden, mit wacher Wahrnehmung und achtsamen Aufmerksamkeit.

Die Gehirnforschung zeigt, dass regelmäßiges Meditieren die Gehirn-Regionen vergrößert, in denen das Aufmerksamkeitszentrum – im präfrontaler Kortex, also im Vorderhirn, im Stirnhirn – sitzt, und dass von da aus Verbindungen gebaut werden zur Amygdala, dem Entscheidungszentrum. Dieser Bau von neuen neuronalen Autobahnen im Gehirn, der passiert nicht zufällig, sondern der wird natürlich unterstützt durch regelmäßiges Üben.

Wenn ich meditiere, dann merke ich, ich meditiere nicht, um es morgens oder abends zu machen, sondern um auf der Arbeit oder in der Begegnung mit anderen Menschen, bei anderen Tätigkeiten, beim Spülmaschine-Ausräumen, achtsam sein zu können. Ich merke, dass ich eine neue bewusstere Lebensqualität ist, dass mein Leben freudvoller wird. Das heißt, die regelmäßige Übung der Meditation unterstützt mich da drin, eine neue Qualität von Intensität des Erlebens im Alltag zu gewinnen. Und dann ist der Alltag selbst die Übung. Wenn ich alles als Meditationspraxis verstehe und durchführe, nicht bloss meditiere, auf dem Boden, verändert sich mein Leben, mein Alltag, auf der Arbeit, zuhause, in der Küche, bei der Gartenarbeit. Auch zu mir selbst zurückkehren, in mir selbst verweilend. Vervollkommnung des eigenen Daseins und Verwirklichung eigener Würde kann spürbar werden. Da zu sein ist nicht mehr Methode, sondern kann Ausdruck werden. Ausdruck der Vollkommenheit in der eigenen Existenz.

In dem Maß, wie ich in der direkten Erfahrung sehe, spüre und verstehe, beginne ich zu erfassen, was mich ausmacht, was ich bin, was das Leben ist – dieser Prozess ist von ständiger Veränderung. Dieser Fluss des Daseins – manchmal schö, manchmal schwer, je mehr mir das auf der Zellebene spürbar bewusst wird, desto eher tendiere ich dazu, die Dinge nicht mehr ständig kontrollieren zu wollen, festhalten zu wollen, manipulieren zu wollen. Je tiefer ich da hinein spüren kann, desto deutlicher sehe ich:

Wenn wir in unserem Leben die Vorstellung, die Erwartungen so aufbauen, dass sie im Widerspruch stehen, zu der Art und Weise, wie das Leben wirklich ist, dann werden wir leiden – emotionales Leiden, geistiges Leiden, Leiden vieler Art – und beginnen, weil wir das klar erkennen und sehen, mehr und mehr loszulassen, anzunehmen, mit den Dingen zu fließen und sozusagen mehr ein Leben, das „in tune" ist, zu leben.

Wir werden auch wirkungsvoller in dem, was wir tun, weil wir nicht nur versuchen, Dinge zu erreichen, die nicht erreichbar sind, sondern aus dem, was möglich ist, das Beste machen. Das ist, vereinfacht gesagt, was Erkenntnis-Meditation bewirken kann.

1.5 Gebet

Gebetsdefinition

Das Gebet (abgeleitet von bitten) bezeichnet zentrale Glaubenspraxis vieler Religionen. Es ist eine eine verbale oder nonverbale rituelle Zuwendung an ein transzendentes Wesen (Gott, Gottheit, Göttin) oder einen Fürsprecher (Engel, Prophet, Guru). Neben dem Vorgang des Betens (als gemeinschaftliches oder persönliches Gebet) wird im Deutschen mit *Gebet* auch ein vorformulierter, feststehender Text bezeichnet. Ein solches Gebet kann auf einen bestimmten Urheber zurückgehen (z. B. den Religionsstifter, einen Heiligen oder einen religiösen Schriftsteller). Manche Gebete werden zu einem bestimmten Anlass im Leben des einzelnen oder der Gemeinschaft gesprochen. Gebete werden in der Familie oder in der Religionsgemeinschaft tradiert und gelernt. Die bekanntesten Gebete sind im Judentum das Schma Jisrael und im Christentum das Vaterunser. Die Gebets- und Liedersammlung der Psalmen hat für Judentum und Christentum Bedeutung.

Allgemeine Bedeutung

Das Gebet unterscheidet sich durch seine persönliche und kommunikative Komponente von anderen religiösen Praktiken. Es setzt also die Vorstellung eines persönlichen Gottes voraus, die etwa in Buddhismus oder Taoismus nicht vorhanden ist. Außerdem setzt es voraus, dass ein solcher Gott empfänglich für eine solche Form der Zwiesprache ist und nicht etwa allein durch kultische Handlungen, Opferpraktiken etc. erreicht werden kann. Er muss dem Betenden gegenüber präsent sein; in den monotheistischen Religionen wird Gott zumeist als allgegenwärtig angesehen, während naturreligiöse Konzepte den Gottheiten oft bestimmte

Orte zuordnen, sodass sich der Betende zunächst an den jeweiligen Ort begeben muss. Wenn Religionsgelehrte und Theologen an eine Vorherbestimmung glauben, dann erwarten sie nicht, dass der unveränderliche Wille der Gottheit durch menschliche Gebete geändert werden kann, sondern sie erwarten vom Gebet eine Änderung des betenden Menschen: Der das Gute erstrebende Wille Gottes sei nicht zu ändern, aber durch die Gebetstätigkeit werde der Wille des Menschen gestärkt, seine Seele geläutert und somit eine ganzheitliche Änderung zum Guten bewirkt.

Gebetet werden kann im Gottesdienst, in einer Gruppe oder allein. Ganze Gottesdienste werden als Gebet verstanden, wie der jüdische Gottesdienst am Shabbat in der Synagoge, die heilige Messe der katholischen und die göttliche Liturgie der orthodoxen Kirche, das christliche Stundengebet oder das Freitagsgebet der Muslime. Viele Religionen kennen festgesetzte Gebetszeiten.

Gebete können gesungen, laut ausgesprochen oder im Stillen für sich formuliert werden. Es gibt dabei je nach Religion und Konfession unterschiedliche Körper-haltungen und Gesten: stehen, knien, niederwerfen, den Kopf senken, die Hände erheben oder falten. Im Zusammenhang mit Gebeten werden oftmals Symbole oder Hilfsmittel verwendet, wie Gebetskette, Kruzifixe oder Ikonen. Es gibt tradierte liturgische Gebete mit feststehenden Wortfolgen, manchmal in Form einer Litanei, Gebete mit Vorlagen oder spontan formulierte Gebete.

Biblische Grundlagen

Das Neue Testament zeigt mehrere Gebetsformen: Psalmen, Klage, Bitte, Dank, Fürbitte, Anbetung. Das häufigst gebrauchte christlichen Gebet stammt aus dem Neuen Testament: das Vaterunser. Der Wortlaut soll von

Jesus Christus kommen (Lukas 11, 2ff).

Die Evangelien zeigen, wie Jesus den Menschen in all ihren praktischen Nöten half. Aber je mehr er das tat, desto mehr wollten sie Gottes momentane Hilfe – Jesus wurde umlagert von Kranken, die Heilung suchten. Solche Erfahrungen betreffen generell das Bitten – werden sie erhört, sind sie *Zeichen*, die auf Gott hinweisen; gleichzeitig fördern sie aber die Neigung der Menschen, von ihrer Gottesbeziehung primär die Erfüllung ihrer Wünsche zu erwarten.

Das Neue Testament gibt zahlreiche Hinweise auf den Stellenwert des Gebets im Verhältnis des Menschen zu Gott, es gibt Empfehlungen zur Art des Betens. Wichtig für das christliche Gebet, für seine Erhörung, ist der Einklang des Beters mit dem Willen Gottes, der Glaube (Markus 9, 23). „Bittet, so wird euch gegeben" (Matthäus 7, 7). Wenn der Mensch sich Gott und seiner Gottesherrschaft anvertraue, dann werde ihm alles zufallen, was er braucht (Matthäus 6, 33). Also könne sich der Mensch mit seinem Anliegen immer wieder im Gebet an Gott wenden, vermittelt durch Jesus (Johannes 14, 6), und ihn um alles das bitten, was er täglich benötige. Der Beter dürfe dann erwarten, dass Gott „bei denen, die ihn lieben, alles zum Guten führt" (Römer 8, 28). Gemäß Paulus und Johannes ist es der Heilige Geist, der betet, wenn Menschen „nicht wissen, wie und was wir beten sollen" (Römer 8, 26-27). Der Heilige Geist tritt als Mittler (Paraklet, „Tröster") ein (Joh 14, 13-14). Neben dem vertrauensvollen Beten gibt es auch das klagende und aufschreiende Gebet des Menschen in Not. Jesus selbst wandte sich gemäß dem Markusevangelium am Kreuz mit den Psalmworten „Mein Gott, mein Gott, warum hast du mich verlassen?" (Psalm 22, 2, Markus 15, 34) an seinen Vater. Die klagenden Lieder der Psalmen (so Psalm 51: „Gott, sei mir gnädig nach deiner Huld", Psalm 51, 3) und der Propheten (Klagelieder 1) sind Bestandteil des Betens bis heute. Nach Christi

Himmelfahrt beteten die Christen auch zu Jesus. Die vom AT her bekannte Formel „den Namen JHWHs anrufen" wurde nun auf Jesus angewandt; die Formel „die den Namen Jesus anrufen" war dann die Kennzeichnung der Christen (z.B. 1 Korinther 1,2, Apostelgeschichte 9, 14). Das Gebet in all seinen Formen, mit seinen unterschiedlichen Auswirkungen, fördert die Beziehung der Menschen zu Gott.

Das Christentum kennt viele Gebetsformen

- Im Gottesdienst: In fast allen Konfessionen gehört das Vaterunser zum Gottesdienst, entweder vom Liturgen oder gemeinsam gesprochen. Daneben gibt es weitere liturgische Gebete, oft im Wechsel zwischen einzelnen und der Gemeinde, freie oder vorformulierte Gebete des Gottesdienstleiters oder gemeinsames freies Gebet der Gemeinde.
- In Gruppen oder als Gebet des Einzelnen: Es gibt feststehende Gebetsformen, z. B. das Trisagion der orthodoxen Kirche, den Angelus in der katholischen Kirche, oder das Stundengebet.
- In der Familie: In vielen christlichen Familien sind Tischgebete üblich, ebenso das Nachtgebet mit den Kindern. Gemeinsame Familienandachten sind selten. In manchen Familien werden die Herrnhuter Losungen oder eines christlichen (Kinder-)Kalenders wie z. B. die „Helle Straße" vorgelesen, oder zusammen die Komplet des Stundengebets oder den Rosenkranz gebetet.
- Kindergebete: meist in Reimform formulierte Gebete wie z. B.: „Ich bin klein, mein Herz mach (ist) rein, soll niemand darin wohnen als Jesus (Gott) allein." Doch beten Kinder oft auch selbst formulierte Gebete.
- Tischgebete

- Morgen- und Abendgebete um den Tag mit Gott zu beginnen und zu beschließen. Eine besondere Form des Abendgebetes ist der Alpsegen oder Betruf.

- Bibeltext-beten: werden vorwiegend mit den Psalmen aus dem AT oder Gebete aus den Briefen des NT, im Wortlaut oder in eigene Worte übertragen als Gebet an Gott rezitiert. Die bekanntesten sind das Benedictus, das Magnifikat und das Nunc dimittis, die auch im Stundengebet täglich gesungen werden.

- Gebetslieder wurden schon zu biblischer Zeit gesungen und sind in den Psalmen überliefert. Lobpreisungen sind an Gott gerichtete Lieder, die ihn, seine Eigenschaften und Taten preisen.

- Thematische Gebete: Es gibt ebenfalls zahlreiche Gebetsgruppen, darunter auch solche, die für besondere Anliegen beten, etwa Friedensgebete.

- Mailgebet: Per E-Mail verschickte Gebete, die häufig der Besinnung mitten im Alltag oder der kurzen Auszeit zwischendurch dienen.

- 24-Stunden-Gebet: Vorwiegend im Umfeld der charismatischen Bewegung im Rahmen des Wächterrufs, aber auch in der Herrnhuter Brüdergemeinde. Verschiedene Beter schließen sich zu einem Verbund zusammen, so dass an jedem Tag zu jeder Stunde „in Schichten" gebetet wird.

- Ewige Anbetung (*Ewiges Gebet*) vor dem in der Monstranz ausgesetzten Altarsakrament ist eine alte Tradition der katholischen Kirche. Sie wird praktiziert von kontemplativen Ordensgemeinschaften und von Pfarrgemeinden. Viele Diözesen haben das *Ewige Gebet* über ein Jahr auf die Kirchengemeinden des Bistums verteilt.

- Persönliches Gebet des Einzelnen: Hier reicht das Spektrum von einem *Vaterunser* vor dem Einschlafen über eine tägliche Stille Zeit, das Beten des Stundengebets (ganz oder einzelne Horen) oder des Rosenkranzes bis zu völlig freiem Gebet.
- Betrachtendes Gebet: ein meditatives, suchendes Gebet. Im katholischen Verständnis bedeutet es Erinnern an das, was Gott an Gutem im Leben des Betenden getan hat, eine „Haltung der Sammlung, der inneren Stille anzunehmen, um nachzudenken und die Geheimnisse unseres Glaubens und das, was Gott in uns wirkt, in uns aufzunehmen". Beispiel Rosenkranzgebet.

Rituelle Zuwendung

Traditionellerweise wird das Gebet als einzelnes Wort (z.B. beim Stoßgebet) oder als Folge von Worten (z.B. beim Unser Vater-Gebet) verstanden. Die biblischen Traditionen des ersten Testaments oder des zweiten Testaments legen mit ihren Erzählungen, Psalm - und Gebetstexten diese Auffassung des Gebets als Wort(e) nahe. Ernesto Cardenal schreibt: "Tatsächlich ist jede Bewegung unseres Körpers ein Gebet. Unser Körper spricht ein tiefes Dankgebet, wenn er seinen Durst mit einem Glas Wasser stillt. Wenn wir uns an heißen Sommertagen in die Fluten eines kühlen Flusses stürzen, singt unsere Haut eine Dankeshymne an ihren Schöpfer, auch wenn dies ein irrationales Gebet ist, das ohne unsere ausdrückliche Zustimmung (...) geschieht. Wir können aber willentlich aus allen unseren Taten ein Gebet machen." Diese "körperliche" Gebetsdefinition wird durch den libanesische Dichter Khalil Gibran noch weiter gefasst: "(...) was ist das Gebet anderes als die Entfaltung eurer selbst in den lebendigen Äther hinein?"

Warum beten?

Urformen des Gebets verweisen zu Unheil - abwendenden Ritualen. Gefahren der Nacht und der Elemente, Bedrohungen feindlicher Stämme und Völker wurden durch Urvölker mit magischen und religiösen Praktiken gebannt. In der Seelsorge wird ein Gebet in Not oder ein Gebet um Bewahrung nach wie vor häufig „genutzt". Doch die Gebets- Motivation, Gott um Hilfe anzurufen, ist nicht die einzige.Das Gebet kann auch als freie Zuwendung verstanden werden.

Lukas Niederberger schreibt: "Beim Beten wenden sich Menschen an ein DU, von dem sie glauben, dass es die Quelle allen Lebens und aller Liebe, aller Schönheit und allen Lichts ist. Darum wird die Antwort auf die Frage, warum wir beten, letztlich bei den meisten Menschen dadurch begründet sein, dass die Liebe eines DU sie lockt, den Liebesruf zu erwidern."

Wofür beten?

Kraft und Sinn für den Alltag schöpfen regelmäßiges Beten gibt, wie andere Rituale dem Alltag eine kultivierte Struktur. Rituale mit einem höheren geistigen und geistlichen Gehalt geben dem Alltag über die Struktur und den Halt hinaus die Sinntiefe, ohne die der Mensch zwar überleben, aber nicht wirklich leben kann. Der Alltag ist durch das Gebet mehr verankert und ich kann mich leichter an die schwierigen Sachen heranwagen, weil ich meine Kraft und Motivation aus der inneren göttlichen Quelle schöpfe.

Selbsterkenntnis

Das Gebet stellt eine der "ehrlichsten Tätigkeiten" des Menschen dar, da der Mensch im Gebet unausweichlich mit seinen Sehnsüchten, Ängsten, Verletzungen und Grenzen konfrontiert ist.

Selbstreinigung

Die Buß-Gebete und Sündenbekenntnisse der kirchlichen Tradition spiegeln am ehesten diese Funktion des Gebets. Wer hier nur an "exotische Wilde in fernen Kontinenten" denkt, sei erinnert an – vornehmlich in katholischen Landesteilen der Schweiz praktizierte - Kreuzzeichen beim Betreten der Kirche (oft mit Weihwasser) oder beim Erblicken eines Wegkreuzes. In ähnliche Richtung könnten religiös-magische Praktiken wie Alpsegen zum Schutz des gesömmerten Viehs oder diverse Schadenzauber gehen.

In der Religionsphänomenologie wird unterschieden, zwischen apotropäischen (Unheil abwendenden) und eliminatorischen (beseitigende) Riten. Zur ersten Gruppe gehören jegliche Formen von Lärm, Trommeln, Glocken, Feuern/Räuchern usw.. Zur zweiten Gruppe zählt er u.a. den Sündenbockritus (Levitikus 16).

Selbstmotivation

Das Gebet kann als "ermutigenden Kraftstrom" auf den Menschen einwirken. Fürbitte-Gebete wirken auf den Betenden zurück als Aufforderung zum Handeln und als Kraft zur Tat.

Heilmittel für die Welt

Auch wenn das Gebet kritisch gesehen als Delegieren der Verantwortung an Gott gesehen werden kann, öffnet es doch stets den Blick für die Welt. Für den Reformator Huldrych Zwingli schließt "alles rechte Beten die Mitmenschen mit ein".

Wann und wo beten?

Mit dem Gebet sollen sich die Menschen in ihrem Alltag nicht lieblose und mechanische Pflichtübungen aufbürden. Lukas Niederberger schreibt: "Wenn gewisse Gebete nicht täglich möglich sind, dann kann ich vielleicht eine spezielle Wochenend-Kultur kreieren,

reserviere mir monatlich einen Tag oder ein Wochenende
der Stille oder gönne mir jährlich ein oder zwei Wochen
mit Gebet, Meditation, Pilgern oder Fasten."
In einer "Gebetsbilanz" (ein Raster, mit dem man sich
einen Überblick über persönliche Gebetsformen
verschafft), schlägt Lukas Niederberger beobachtbare
Gebets-Kadenzen von "täglich" über "wöchentlich" und
"monatlich" bis hin zu "jährlich" oder zu Zeiträumen von
"alle 5 –10 Jahre" vor. Beim Beten scheint weniger mehr
zu sein! Das Gebet soll in frei wählbaren Formen in frei
wählbaren Zeitabständen in den Lebensrhythmus
integriert werden. Jesus redet im Blick auf den Gebets-
Ort vom berühmten verschlossenen Kämmerlein.
"Berufsbeter"werden öffentliche Räume ebenso
beanspruchen (müssen). Die beiden Gebetsorte sind
nicht gegeneinander auszuspielen. Meister Eckhart dazu:
"Jemand mag übers Feld gehen und sein Gebet
sprechen und Gott erkennen; er mag in der Kirche
verweilen und Gott erkennen. Denn Gott ist gleich in allen
Dingen und an allen Orten. Und Gott ist bereit sich gleich
zu geben soweit es an ihm liegt."

Einbeziehung des Leibes bei der Meditation
Wer sich sammeln und längere Zeit still sein will, tut gut
daran, den Körper bewusst mit einzubeziehen. Beim
Sitzen ist es hilfreich, den tragenden Boden deutlich
wahrzunehmen, damit Verspannungen im Körper besser
losgelassen werden können. Aufmerksamkeit und
gespannte Wachheit ist zwar in verschiedenen
Körperhaltungen möglich, aber eine aufgerichtete
Haltung unterstützt das innerliche aufrichtige Da sein.
Jeder muss dabei herausfinden, was ihm gut tut und hilft.
Für viele Menschen ist das Knien oder das Sitzen im
Fersensitz auf einer Meditationsbank zu der bevorzugten
Haltung geworden, weil diese Haltung aufrechtes Sitzen
ermöglicht und wenig Energie braucht. Allerdings muss
das in der Regel eingeübt werden. Die Beachtung des

Atems kann helfen, ruhig zu werden. Der eigene Rhythmus wird dabei nicht einem bestimmten Muster angepasst, sondern in erster Linie wahrgenommen: Einatmen - Ausatmen - Pause.

Welche Bereiche im Körper dehnen sich beim Einatmen aus, welche werden beim Ausatmen kleiner? Allein das Beobachten kann helfen, zur eigenen Mitte zu finden, wenn die Gedanken immer wieder spazieren gehen. Eine aktivere Form, um zur Ruhe zu kommen, ist das Meditieren im Gehen. Durch den Rhythmus der Schritte und die äußere Bewegung kann auch innerlich etwas neu in Bewegung kommen. Wer diese Form der Meditation geübt hat, dem hilft es, Gebet in den Alltag zu integrieren.

Herzensgebet

Das Herzensgebet, das auch immerwährendes Gebet genannt wird, hat eine jahrhundertelange Tradition im christlichen Bereich. Schon den Wüstenvätern ging es darum, sich möglichst ständig bewusst zu sein, dass Gott da ist. Sie wollten lernen, ununterbrochen zu beten und selbst wach und aufmerksam für Gottes Gegenwart zu bleiben.

Dazu übten sie, sich durch das Wiederholungsgebet „Jesus Christus, erbarme dich meiner", das im Rhythmus des eigenen Atems immer wieder innerlich gesprochen wurde, auf Gott zu konzentrieren ohne ständig von eigenen Gedanken abgelenkt zu werden. Das klingt ganz einfach, ganz so leicht ist es aber nicht. Das Bibelwort, auf das das Herzensgebet zugrunde liegt, ist der Schrei des blinden Bettlers Bartimäus zugrunde (Markus 10, 46-52).

Mit leeren Händen und im Bewusstsein der eigenen Blindheit für die Wirklichkeit Gottes anhaltend darum zu bitten, dass sich sein Erbarmen verwandelnd auswirkt, ist eigentlich keine meditative Einzelübung, sondern ein spiritueller Übungsweg für Menschen, die ihren Alltag von der Barmherzigkeit Gottes prägen lassen wollen.

In der westlichen Kirche wurden verschiedenen Herzensgebete entwickelt, die Bibelworte aufnehmen. Wenn das Wort, das gebetet wird, der Name Jesu ist, wird das Herzensgebet zum Jesusgebet. Für einen Einstieg in das sind Worte geeignet, die gut langsam innerlich gesprochen und im Rhythmus des eigenen Atems wiederholt werden können, z. B.:
„Jesus Christus, erbarme dich meiner.Ich in dir und du in mir. Jesus Christus mein Herr und mein Gott. Jesus Christus".

Beten in Gruppen
Vorschläge für die Praxis, um schweigendes Gebet Gruppen, im Hauskreis einzuüben: Die folgenden Vorschläge können Sie für sich allein oder in der Gruppe ausprobieren. Beginnen Sie jeweils mit einer Zeit, um bewusst in der Stille anzukommen. Dann nehmen Sie den jeweiligen Impuls für die Meditation auf. Schließen Sie die Zeit auch bewusst ab, z. B. mit einer Geste oder einem Gebet ab. Teilen Sie einander dann mit, wie es Ihnen ergangen ist und was Ihnen wichtig geworden ist.

Sitzend-kniend Beten
Um in einer Haltung zu kommen, die dabei hilft, während eines Gebetszeit in der Stille wach und aufmerksam da zu sein, finden es viele Leute hilfreich, sich auf eine Kniebank zu setzen. Für eine gemeinsame Stille im Hauskreis kann man sich auch ohne sich anzulehnen etwas vorne auf einen Stuhl mit einer festen Sitzfläche setzen. Die Füße stehen gerade auf dem Boden, die Hände liegen in den Schoß oder auf den Oberschenkeln. Zur Einführung kann dann der folgende Text vorgelesen werden. Dabei ist es wichtig, langsam und mit genügend Pausen zu lesen, damit die Teilnehmenden nachspüren können.

Ich nehme bewusst meinen Platz auf dem Stuhl ein und spüre die Stellen, wo mein Körper Kontakt zum Stuhl und zum Boden hat. Ich werde getragen, ich lasse mich tragen. Meine Schultern ziehe ich einmal bewusst zu den Ohren hoch, dann die Arme in Richtung Boden. Anschließend lege ich die Hände locker auf den Schoß oder auf die Oberschenkel. Nun gehe ich mit meiner Aufmerksamkeit ganz langsam die Wirbelsäule entlang und richte mich auf: Lendenwirbel, Brustwirbel, Halswirbel. Ich stelle mir vor, dass meine Wirbelsäule ganz sanft an einem Faden von oben gehalten wird. Den Kopf kann ich leicht zur Brust neigen, die Stirn, die Augen und den Mund entspannen. Nun nehme ich meinen Atem wahr, wie er kommt und geht, ohne dass ich etwas dazutun muss. Ich atme ein, ich atme aus. So verweile ich in der Stille. Bei einer ersten Einübung sollte die Stille ca. 3 Minuten dauern. Die Zeit wird wahrscheinlich sehr unterschiedlich lang empfunden. Teilen Sie einander anschließend mit, wie es Ihnen ergangen ist: Was haben Sie während der Übung erlebt? Was war ungewohnt, vertraut, schwierig oder schön? Wie sind Sie nun da?

Wortmeditation / Schriftmeditation
Ein kurzes Bibelwort (z.B. Du bist mein Gott, in deiner Hand sind meine Zeiten.Ps. 31,16) soll im Herzen bewegt werden. Dazu wird es dreimal laut vorgelesen. Während der Stille soll er immer wieder in Gedanken wiederholt und in sich aufgenommen werden. Wenn es sich um einen längeren Text handelt, kommt es nicht darauf an, alles genau wiederzugeben, sondern jeder soll das betrachten, was er behalten hat.

Variante: Liedmeditation
Als Text kann auch ein Vers eines Liedes meditiert werden. (z.B.: Du durchdringest alles, lass dein Schönstes Lichte, Herr berühren mein Gesichte. Wie die zarten Blumen willig sich entfalten und der Sonne stille

halten, lass mich so still und froh deine Strahlen fassen
und dich wirken lassen.G. Tersteegen)

Die Lectio Divina:
Die Lectio Divina („göttliche Lesung") ist eine meditative
Art, die Bibel zu lesen. Ein Bibeltext (z. B. die
Jahreslosung Psalm 73, 28; Matthäus 11, 28-29) wird
dazu viermal mit Pausen vorgelesen, und schweigend
jedes Mal unter einem anderen Aspekt betrachtet:

1. Lectio / Lesen: Einfach zuhören, was der Text sagt.
2. Meditatio / Besinnen: Was berührt mich an dem Text
heute?
3. Oratio / Beten: Wozu fordert mich Gott heute auf?
4. Contemplatio / Betrachten: Nichts bedenken,
sondern in der Gegenwart Gottes ruhen. Nach dem
Lesen teilen sie einander mit, was Ihnen wichtig
geworden ist und beten Sie anschließend füreinander.

Schrittmeditation
Überlegen Sie, welches (Bibel)Wort oder welcher
Gedanke Ihnen im Moment wichtig ist. Probieren Sie aus,
in welchem Schritt-Rhythmus Sie das Wort für sich
wiederholend gehen wollen. Verabreden Sie eine Zeit
(ca. 20 Minuten), in der jeder mit seinem Wort spazieren
geht.

Gebetsspaziergang
Gott mit allen Sinnen erleben: Machen Sie schweigend
einen Spaziergang und richten Sie dabei alle Ihre Sinne
auf Gott aus: Was sehen, hören, riechen, fühlen,
schmecken Sie? Wie begegnet Gott Ihnen darin?
Kommen Sie mit ihm darüber ins Gespräch.

Herzensgebet

Verabreden Sie, in der folgenden Woche zu versuchen, ein Herzensgebet zu üben. Probieren Sie es bei unterschiedlichen Tätigkeiten, die den Kopf nicht beschäftigen, aus: beim Spazieren gehen (Hund ausführen), beim Joggen, im Fitnessstudio, beim Bügeln, beim Unkraut jäten, beim Schwimmen, beim Kochen, beim Autofahren, beim still Sitzen,...? Sprechen Sie am nächsten Abend über Ihre Erfahrungen. Wo ist es Ihnen gelungen und wo gar nicht?

Ein eigenes „Herzensgebet" entwickeln

Suchen Sie sich einen vertrauten Bibeltext aus (z.B. Mk 10, 46-52, die Heilung des Blinden Bartimäus). Kommen Sie darüber, was Ihnen am jeweiligen Text wichtig ist, ins Gespräch. Versuchen Sie, 3-5 wesentliche Sätze zu formulieren, die sich als Gebet eignen. Die Sätze sollen so kurz und einfach wie
möglich sein, ohne so allgemein zu bleiben, dass sie für jeden Bibeltext anwendbar sind. In jedem Satz soll neben dem Wort „du" (dir, dich,...) das Wort „ich" (mir, mich, mein ...) vorkommen, damit
deutlich wird, dass es ein persönlicher Gebetssatz ist. Suchen Sie sich einen Ihrer Gebetssätze aus, den sie in der nächsten Woche üben wollen. Erfahrungsgemäß verändern und vereinfachen sich diese Sätze dann noch, wenn Sie sie wirklich beten.

Schriftteppich

Ein Blatt Papier wird freihändig mit einem Rahmen versehen und dann schwungvoll liniert. Der Bibeltext (oder ein Gedanke zu dem Text) wird dann in Großbuchstaben in die Linien geschrieben.
Nach jedem Wort kann ein Punkt gesetzt werden. Dann kann mit Farbe weitergearbeitet werden.

Gebetsformen und Gebetshaltungen

Beten - eine Haltung

Im Glaubensgemeinschaften, Kirchen, Gottesdiensten, in Hauskreisen beten die meisten Leute wahrscheinlich im Sitzen und mit gefalteten Händen.

Zu biblischen Zeiten war diese Haltung noch nicht üblich. Juden und die ersten Christen beteten stehend mit erhoben Händen. Das Falten der Hände wurde erst im 9. Jahrhundert von den Germanen übernommen. Wer sich freiwillig einem Herrn unterwarf und zum Dienst verpflichtete, legte ihm seine gefalteten Hände in die Hände. Diese Gebärde wurde als Ausdruck einer inneren Haltung auf die Beziehung zu Gott übertragen.

Wenn wir Erfahrungen machen, etwas wahrnehmen oder verstehen ist unser Körper immer mit beteiligt. Unsere Sprache drückt diesen Zusammenhang noch aus: etwas verstehen, begreifen, erfassen, aufnehmen. Eine Einstellung oder eine Haltung haben. Eine innere Haltung spiegelt sich oft in der äußeren Haltung. Das, was uns beschäftigt, was uns bewegt, was wir denken und fühlen, drückt sich in unserer Körpersprache aus.
Sich mit unterschiedlichen Gebetshaltungen und Gebetsgebärden zu beschäftigen und sie auszuprobieren bietet uns eine Chance, Gotteserfahrungen noch zu vertiefen, wenn wir ihnen bewusst mit einer passenden Geste oder Körperhaltung Ausdruck geben. Eine leise Ahnung verdichtet sich dadurch. Etwas wird uns plötzlich deutlicher und lässt sich besser fassen. Darüber hinaus kann uns eine besondere Körperhaltung auch für Neues öffnen. Das kann bei einer Haltung auch ganz Unterschiedliches sein. Bewusstes Stehen vor Gott kann z. B. dazu führen, dass wir neu wahrnehmen, festen Boden unter den Füßen zu haben oder als Gegenüber geschaffen zu sein.

Beten mit den Händen
Unsere Hände haben nicht nur für die viele Arbeiten eine zentrale Bedeutung, sie haben auch in der Kommunikation und der Begegnung eine wichtige Funktion. Wir zeigen, tasten und fühlen mit den Händen und wir drücken uns auch über sie aus. So ist es nicht verwunderlich, dass die Bewegungen der Hände auch beim Gebet eine Rolle spielen. Je nachdem, ob sie geöffnet oder in einander verschränkt, ob sie erhoben oder gesenkt werden, zeigt sich eine andere innere Haltung.

• Hände heben und ausstrecken
Wenn wir mit weit in Schulterhöhe ausgestreckten Arme dastehen und die Handflächen nach oben halten, spüren wir Weite und Freiheit. Die Hände ganz nach oben auszustrecken, kann auch ausdrücken, dass wir uns wünschen, dass Gott an uns handelt. Strecken wir die Hände eher nach vorn aus, zeigen wir, dass wir uns von ihm führen lassen wollen.

• Hände verschränken
Dazu gibt es verschieden Möglichkeiten: Die Finger liegen dabei locker ineinander, die Handflächen aneinander, aber sie berühren sich nicht. Oder: Die Handflächen werden mit verschränkten Fingern aneinander gedrückt. Oder: Die Finger lösen sich dann, die Handflächen bleiben aneinander und werden aufgerichtet. Aneinander gelegte Handflächen führen zu einer Sammlung und Konzentration.

• Händen bilden vor dem Körper eine Schale
Diese Haltung ist eine Haltung der Offenheit und Aufnahmebereitschaft Gott gegenüber, ich halte ihm meine leeren Hände hin.

• Hände vor der Brust kreuzen

Bei Ordensgelübden ist dies die übliche Haltung, die Hingabe und gleichzeitig volles Vertrauen zeigt.

• Hände vor das Gesicht halten

Mit dieser Haltung ziehen wir uns von allem um uns herum zurück und konzentrieren uns auf das eigene Herz. Mit den Händen das Kreuzeichen machen. Jemand anderes mit Händen betend berühren: Wenn jemand gesegnet werden wollte, wurden ihm betend die Hände aufgelegt. Sollten viele oder das ganze Volk gesegnet werden, so streckte man dazu die erhobenen Hände aus.

Beten im Sitzen

Das Sitzen ist vor allem in Hinduismus und Buddhismus eine typische Gebetshaltung, aber auch die frühen Mönche kennen das schweigende Sitzen als Gebetshaltung. Das aufrechte Sitzen oder Sitzen auf einer Kniebank bei der Meditation ermöglicht innere Sammlung und Aufmerksamkeit. Sich hinzusetzen bedeutet, einen Platz einzunehmen und sich niederzulassen. Es verhilft dazu, innerlich da zu sein und zur Ruhe zu kommen. Die Bibel kennt beim Sitzen weitere Aspekte: Beieinander zu sitzen ist Zeichen des friedlichen Miteinanders. Auf einem Thron zu sitzen, bedeutet zu herrschen. Auf dem Boden zu sitzen, kann ein Zeichen von Trauer oder Reue sein.

Beten im Stehen

Stehen ist wahrscheinlich die ursprünglichste Haltung, um zu beten. Vor Gott stehen, mich stellen, vor ihm neu zustande kommen - da deutet sich schon an, dass äußere und innere Haltung zusammengehören. So bringen viele Bibelstellen das Stehen mit dem Glauben zusammen. Fest stehen, Boden unter den Füßen haben, einen neuen Stand haben, in Gnade stehen. In der Bibel ist das Danken und Loben im Stehen die gebräuchlichste Gebetshaltung. Sich dabei zu verneigen, ist eine Demutsgeste, die Ehrfurcht vor der Macht und Größe Gottes zum Ausdruck bringt. Es unterstützt das innere aufrichtig vor Gott sein, wenn wir äußerlich eine aufrechte, eine aufgerichtete Haltung einnehmen.

Beten auf den Knien

Auf die Knie gehen oder vor Gott niederzufallen, bedeutet, sich bewusst klein zu machen und die eigene Ohnmacht anzuerkennen. Im Knien oder im Fersensitz zu beten, bedeutet entsprechend demütig im Bewusstsein der Größe Gottes vor ihn zu kommen und Ehrfurcht zu zeigen. Das Knien, kann eine anbetende oder eine bittende Haltung zeigen.

Sich vor Gott niederwerfen und liegen

Ähnlich - wie das sich vor Gott Verbeugen oder das Knien - ist es eine Demutsgeste, sich vor ihm niederzuwerfen und auf das Angesicht zu fallen. So zu beten,drückt Hingabe und Unterwerfung aus.

Beten im Gehen

Das langsame Schreiten ist heute noch in Prozessionen eine Gebetshaltung. Bewusstes langsames Gehen kann ein Ausdruck dessen sein, dass wir auf Gott zugehen und ihm näherkommen wollen. Ähnlich wie Pilger können wir uns dadurch auf einem Weg mit Gott erleben, als Menschen, die mit Gott unterwegs sind oder die ihm nachfolgen.

Vorschlag für die Praxis

Probieren Sie jeder für sich selbst die verschiedenen Gebetshaltungen und Gebärden aus und nehmen Sie wahr, was sich dabei in Ihnen tut. Fangen Sie damit an, bewusst aufrecht zu stehen.
Experimentieren Sie dabei unterschiedliche

Handhaltungen. Halten Sie die Hände nah am Körper und wieder weiter weg. Nehmen Sie sie vor den Bauch oder vor die Brust. Übertreiben Sie die Gesten ruhig auch. Probieren Sie auch aus, sich unterschiedlich stark zu verneigen und spüren Sie, was sich dabei verändert. Neigen Sie zuerst nur den Kopf, dann Kopf und Schultern und beim dritten Mal beugen Sie auch den ganzen Oberkörper. Lassen Sie sich dabei genug Zeit, um die verschiedenen Haltung einzunehmen und deren Wirkung nachzuspüren:

Fragen zum Beten
Was tut sich in mir?
Was löst die Haltung in mir aus?
Fühle ich mich wohl oder regt sich Widerstand?
Kommen Erinnerungen, Bilder, Gefühle hoch?
Wann wird eine Handhaltung unnatürlich?
Wie erlebe ich Gott, wie erlebe ich mich in der jeweiligen Haltung?
Welche Haltungen führen mich ins Gebet?

1.6 Loslassen, wie kann das gehen?

Ich habe erlebt, in dem Moment, wo ich Gedanken,
Vorstellungen und Gefühle wirklich hergebe, loslasse und
opfere, gibt es einen Raum der Stille, ein unsichtbares
Gegenüber, was diese Opfer annimmt, aufnimmt und
verwandelt. Dieses Loslassen konnte ich aber nicht
verändern allein durch Gedanken, sondern es erfordert
ein aktives, emotionales und imaginatives Tun.
Wenn ich bereitwillig meine Gefühle wie.z.B. Scham,
Schuld, Hass, Wut, aber auch Liebe, Sanftmut ergebe
und Vorstellungen, die mir den Weg verstellen, die mit
Kämpfen, Leisten, Streben nach Anerkennung, Eitelkeit,
Prahlerei, etc. loslasse, dann kann etwas an diese Stelle
treten und diesen Platz ausfüllen.
Diesen Vorgang versuche ich immer wieder praktisch zu
üben, zu tun. Ein kribbelndes Gefühl, ein Strömen war für
mich wahrnehmbar. Ein Gefühl des Aufgeladen, von
Wärme umhüllt werden folgte hierauf. Ein Gefühl der
Befriedung und Geborgensein stellte sich bei mir ein, es
überkam mich.
Eine Beziehung los zu lassen, zu opfern, eine Partnerin
loszulassen, ein Haus, eine Heimat zu verlieren, oder
aktiv gewollt hinter sich zu lassen, Freundschaften zu
opfern, einen Lebensentwurf, eine beruflichen Weg
können in einen neuen, anderen Licht erscheinen, wenn
ich mich auf dieses Prozess des Opfern einlasse.
Bei äußeren, materiellen Gütern, Geld spenden,
verlieren, etc. fühlt es sich anders an, nicht so strömend,
kribbelnd und warm. Wie, das kann ich momentan
konkreter noch nicht beschreiben.
Dieses aktive innerliche Opfern, herschenken, hergeben
von etwas nicht Materiellem wird - so glaube ich
persönlich - zu einer Substanz, zu etwas Wesentlichem,
das in der Ewigkeit bleibt und eine Verbindung darstellt
zur Göttlichkeit, zu allem Lebendigen im Jenseitigen,
dem für mich unsichtbaren.

1.7 Christliches Handeln - Werke der Barmherzigkeit

Im Christentum unterscheidet man verschiedene Werke der Barmherzigkeit. Sie sind eine beispielhafte Aufzählung von Handlungen, in denen sich Nächstenliebe äußert. Ihre Aufzählung geht auf die Bibel zurück. Die biblische Aufzählung umfasste ursprünglich die folgenden Werke der Barmherzigkeit:

- Hungrige speisen
- Durstige tränken
- Fremde beherbergen
- Nackte bekleiden
- Kranke besuchen
- Gefangene besuchen
- Tote bestatten

Die Reihenfolge dieser Werke folgt der sogenannten Endzeitrede Jesu Christi in Matthäus (Matthäus 25, 34–46). Das siebte Werk, die Toten zu bestatten, wurde von dem Lactantius mit Bezug auf das Buch Tobit (Tobit 1, 17–20) hinzugefügt und hat sich in der katechetischen Tradition der Kirche als Bestandteil der *sieben Werke der Barmherzigkeit* etabliert. Lactantius hat in *„Epitome divinarum institutionum"* insgesamt neun Werke genannt:

- Hungernde speisen
- Nackte kleiden
- Unterdrückte befreien
- Fremde und Obdachlose beherbergen
- Waisen verteidigen
- Witwen schützen
- Gefangene vom Feind loskaufen
- Kranke und Arme besuchen
- Mittellose und Zugezogene (also Menschen ohne Familie vor Ort) bestatten

Die Liste umfasst verschiedene alt- und neu-
testamentliche Gebote, ohne dass sie einer einzelnen
Bibelstelle zuzuweisen wären.

Bedeutung

Die Bedeutung der *Werke der Barmherzigkeit kann* darin
liegen, dass das Tun der Barmherzigkeit nicht im
Gedanken der Belohnung für gute Werke gründet,
sondern in der Identifikation mit den Notleidenden
(misericordia). Im Neuen Testament wird dies im
Gleichnis des barmherzigen Samariter (Lukas 10, 25-37)
erzählt. Obwohl die Lehre von den guten Werken biblisch
begründet werden kann, war sie seit der
Reformationszeit Gegenstand konfessioneller
Auseinandersetzungen. Martin Luther, der einen *Sermon
von den guten Werken* (1520) verfasste, verurteilte die
römische „Werkgerechtigkeit" scharf. Das Tridentinum
hielt dagegen fest, dass ein Gläubiger durch gute Werke
seine Gnade vermehren kann. Diese theologischen
Streitigkeiten gelten mittlerweile als überwunden. Beide
Konfessionen betonen, dass es bei den Werken der
Barmherzigkeit nicht um eigene Verdienste geht, sondern
sie „Früchte des Heiligen Geistes" sind. In der
evangelischen Kirche werden häufig nur die in der
Endzeitrede vorkommenden sechs Werke genannt,
während in der römisch-katholischen Kirche auch weitere
Werke genannt werden. So unterscheidet der katholische
Katechismus (KKK 2447) zwischen sieben geistlichen
und sieben leiblichen Werken:

Geistliche Werke der Barmherzigkeit

- die Unwissenden lehren
- die Zweifelnden beraten
- die Trauernden trösten
- die Sünder zurechtweisen
- den Beleidigern gern verzeihen
- die Lästigen geduldig ertragen
- für die Lebenden und Verstorbenen beten

Dabei wird insbesondere das Almosengeben in Bezug auf Tobit (Tobit 4, 5–11), Jesus Sirach (Sirach 17,22) und Matthäus (Matthäus 6, 2–4) hervorgehoben.

Leibliche Werke der Barmherzigkeit

- Hungrige speisen
- Obdachlose beherbergen
- Nackte bekleiden
- Kranke besuchen
- Gefangene besuchen
- Tote begraben
- Almosen geben

Persönliche Barmherzigkeit

Wo habe ich die Werke der Barmherzigkeit in der Realität umgesetzt, und wo noch nicht...und warum nicht...? Die Werke der Barmherzigkeit kann ich auch in einem ganz persönlichen inneren Dialog führen und mich selbst fragen: Was nehme und gebe, opfere ich mir und was gebe, opfere und nehme ich anderen:

Nach was bin ich hungrig?
Nach was dürstet es mich?
Wo bin ich obdachlos, schutzlos, heimatlos?
Was möchte ich gerne beherbergen?
Wo bin ich nackt und schutzlos?
Wo bin ich krank/ lebe ich ungesund?
Was nimmt und was gibt mir Krankheit?
Wie kann ich heile / gesund werden?
Wie kann ich mich selbst heilen?
Wo sind meine Wunden?
Was brauche ich für meine Heilung?
Was heilt mich?
Worin bin ich gefangen?
Was hält mich gefangen?
Was habe ich begraben?
Was soll / muss ich begraben?
Wo fällt es mir schwer, etwas zu begraben?
Was kann ich verschenken / loslassen?
Was gebe ich von mir her?
Was kann ich verschenken?
Wo bin ich bedürftig / brauche ich Almosen,
Unterstützung?
Verschenke ich Blicke, Gefühle, Gedanken, Sachwerte,
Liebe, Empathie, Mitgefühl, Akzeptanz, Humor?
Wie weit gehe ich mit meinem Geben dabei?
Wo ist meine Grenze des Gebens?
Was gebe ich von mir her?

Diese Fragen kann ich auch an mein Gegenüber, an meinen Freund, an meinen Feind, an jedes Geschöpf richten:

Nach was hungerst Du?
Nach was dürstet es Dich?
Wo bist Du ohne Obdach?
Was möchtest Du beherbergen?
Was kannst Du noch nicht beherbergen?
Wo bist Du nackt und schutzlos?
Was brauchst Du für Deinen Schutz?
Was an Dir ist krank?
Was brauchst Du zur Gesundung?
Wo bist Du gefangen?
Was hält Dich gefangen?
Wer hält Dich gefangen?
Was musst Du begraben?
Was muss in Dir Sterben und erlöst werden?
Was möchtest Du begraben?
Was brauchst Du für Almosen / Unterstützung?

1.8 Loslassen im Gottesdienst

Das Loslassen / Opfern im Gottesdienst, kann äußerlich durch Beteiligung, Gebet, Musik, Gesang, Geldspenden erfolgen.

Innerlich ist es gefühlt für mich ein Prozess des Denkens, Fühlens und Wollens, bei dem ich mich in eine Haltung versetze. Eine Haltung der Zurücknahme, der Demut, des Stillwerdens, des Hörens, im Suchen und Sehnen, ich wende mich hin.

Konkret tue ich das in drei Schritten:

1. Ich bin dankbar. Dankbar für mein Leben, meine positiven und negativen Erfahrungen, meine Gesundheit, meine Partnerschaftsbeziehung, meine Freundschaften etc..

2. Ich halte Fürbitte. Ich bitte für Frieden, Liebe, Gesundheit, für mich, für meine Frau, für meine Beziehung, für meine Hunde, meine Mutter, meinen Vater, meine Familie, meine Freunde, meine Verstorbenen, meine Feinde, für alle Menschen, zwischen ihnen, für alle Tiere, für die gesamte Schöpfung, für die Erde, für das Universum.

3. Ich bin in Frieden, ich sende Frieden, Liebe, Licht aus, an meine Familie, meine Freunde, meine Verstorbenen, meine Ahnen, an alle Menschen, an alle Tiere.

Bei diesem Prozess des Betens und Bittens habe ich beim ersten Schritt des Dankbarseins das Gefühl, dass ich eine Art Öffnung, eine Verbindung aufbaue, ich werde zu einer Schale.

Im zweiten Schritt der Fürbitte, fühlt es sich wie ein warmes hin- und her strömen an.

Im dritten Schritt des eigenen selber aussenden, habe ich das Gefühl, das ich ganz weit, groß und schwingend werde und dass ich etwas strahlendes verschicke, das aus mir heraus strömt.

TEIL 2: LOSLASSEN IM GLAUBEN UND LEBEN

2.1 Wortfeld Loslassen, Opfern und Vergebung

Erlösung   Rettung   Heil   erlösen

retten   heilen   Heilung

Gnade Versöhnung   versöhnen

Retter   befreien   Freiheit

Gerechtigkeit   Heilswirken   Gottes

Heilswirken durch Jesus Christus

im Heiligen Geist herausführen   Exodus

Vergebung der Schuld   Loskauf

Lösegeld   Freikauf Sünde Tod

Teufel   Gesetz   Umkehr   Glaube

Liebe   Hoffnung   Wahrheit

Ohnmacht   ohne Macht   Mitgefühl

Hingabe Jesu in den Tod   Sühnetod

Selbstrechtfertigung   Rechtfertigung

Heiligung   rechtfertigen   gerecht machen

Angeld Buße   Strafe   Vergeltung

Erlösung   Gnade Segen Stellvertretung

Reich Gottes   Mächte

Befreiung   Frieden

Gottes-Kindschaft   Gottes-Folgschaft

Gottes-Ebenbild   Vergöttlichung Menschwerdung

Gottwerdung   Verdienst

Genugtuung   Satisfaktion   Messias

Weihe Menschenweihe   Erwählung

Opfer Kreuzesopfer   Prädestination

2.2 Krise der Erlösungslehre und Auswege

Die Krise der christlichen Erlösungslehre war bereits am Ausgang des Mittelalters manifest. Klassische Soteriologie: Erlösung von Gott durch Gott (in Jesus Christus), das heißt: Christus erlöst uns von der Strafe, die uns wegen unserer Sünde von Gott her droht (durch Opfer/ Loskauf/ stellvertretendes Strafleiden/ Genugtuung/ Verdienst). Das Gottesbild der klassischen Soteriologie ist zutiefst ambivalent, ja dämonisch: Die Gnade Gottes rettet die Menschen vor dem göttlichen Vernichtungswillen. Tod und Leben kommen beide von Gott. Dieses Gottesbild hat das christlichen Abendland geprägt.

Mögliche Gründe für die Dämonie des christlichen Gottesbildes:

1. Gottes Allmacht und Absolutheit (= Lösung von jeder Ordnung): einen Gott der Willkür, der zu allem fähig ist. Dieses Gottesbild wurde durch Zeitumstände im Spätmittelalter gefördert: Pest; Epidemien, ökonomische und gesellschaftliche Umwälzungen

2. Christliches Gottesbild als Zusammenschluss des Gottes Jesu Christi mit den heidnischen Gottesvorstellungen (Schicksal als göttliche Macht; Götter wollen Gutes und Böses).

3. Ambivalenz des biblischen Gottes: Er segnet die, die seinen Bund halten, und verflucht die, die seine Vorschriften übertreten (Dtn 28). Aber: Er will nur das Gute, sein Heilswillen ist universal.

4. Die Auswege...

Luther:

Nur der GLAUBE an die GNADE Christi, die in der SCHRIFT offenbart ist, rettet vor dem dunklen und VERBORGENEN GOTT. Christus hat das Strafleiden an unserer Stelle erlitten.

Calvin:

GNADE Christi, die in der SCHRIFT offenbart ist, rettet vor dem dunklen und VERBORGENEN GOTT. Christus hat das Strafleiden an unserer Stelle erlitten.

Katholische Kirche:

Christus hat die Erlösung für alle erworben. Ihrer werden teilhaftig, die die HEILSMITTEL DER KIRCHE benutzen.

Philosophie (Kant):

Erlösung nicht durch Gott sondern durch die Einhaltung der SITTLICHEN VERNUNFTORDNUNG. Aber: Dialektik der Aufklärung

• Das Christentum der Gegenwart hat die Ambivalenz des Gottesbildes aufgegeben („lieber Gott"). Es ist damit an die klassische Erlösungslehre nicht mehr anschlussfähig. Gefahr: Es zeigt sich hilflos gegenüber der Dämonie des Bösen - Menschen sind nicht nur gut!

2.3 Erlösung - wovon? Die Macht der Sünde

Was ist Sünde?

1. Man kann erkennen, was Sünde ist - was noch nicht bedeutet, die eigene Sünde zu erkennen.

2. Der alltägliche Sprachgebrauch trifft bereits das Richtige: Sündigen, das ist wie unter einem Zwang etwas tun, von dem man weiß oder wissen kann, dass es schadet. Paulus "Ich tue ja nicht das, was ich will, sondern was ich hasse, das tue ich. ... Ich sehe ein anderes Gesetz in meinen Gliedern, das dem Gesetz meiner Vernunft widerstreitet und mich gefangen gibt an das Gesetz der Sünde" (Römer 7,15.23): Sünde als Macht, als Zwang und Sucht.

3. Sündigen ist Reaktion auf ein Bewusstsein von Mangel. Auf den Mangel richten sich Sorge und Vorsorge. Sünde ist falsches/ unangemessenes Verhalten angesichts von Sorge.

4. Die Sorge richtet sich elementar auf die SELBSTERHALTUNG und die ANERKENNUNG bzw. RECHTFERTIGUNG DURCH ANDERE. Der Sünder tut etwas, um daraus die Zuversicht zu gewinnen: Du darfst leben! Du hast Zukunft! Du bist gut und anerkennenswert!

5. Das Bedürfnis nach Selbsterhaltung und Anerkennung ist dem Menschen natürlich. Menschen sind biologisch-evolutionär mit dem Bedürfnis nach Selbsterhaltung und Anerkennung ausgestattet. Darin liegt nichts Sündhaftes.

6. Aber der Sünder fordert dies von Menschen/ Tieren/ Dingen ein, die es ihm nicht geben können. Er überfordert und überbeansprucht sie,

er „verzweckt" sie für die Selbstrechtfertigung und zerstört damit diese Menschen, Tiere, Natur, oder Dinge und seine Beziehung zu ihnen.

7. Die so überforderten und „verzwecklen" Menschen reagieren mit Scham. Ihre Würde wird ihnen genommen, nehmen sie sich selbst.

8. Nur Gott kann den Wunsch nach Selbsterhaltung erfüllen, denn von ihm kommt alles Leben. Nur von Gott ist die gewünschte Anerkennung zu erlangen, denn er sieht, was gut ist. Nur Gott kann die Sünde besiegen: wenn er erkannt und anerkannt wird.

9. Die Sünder kennen Gott entweder nicht (der häufigste Fall), oder sie kennen ihn, wollen ihn aber nicht anerkennen (sich ihm nicht verdanken), da es ihnen sicherer/ ehrenvoller (?) erscheint, die Rechtfertigung und Erhaltung ihres Daseins selbst zu leisten.

10. Paulus: Alle Sünder "vertauschen die Herrlichkeit Gottes mit den Abbildern von Menschen" und anderen Geschöpfen (Römer 1,23). - "Alle (Juden und Heiden!) haben gesündigt und ermangeln der Herrlichkeit Gottes" (Römer 3,23).

11. Sünde ist Verstoß gegen das 1. Gebot ("Du sollst keine anderen Götter haben"). Sünder erwarten etwas von Menschen und Dingen, was ihnen nur Gott geben kann: Sie machen diese Menschen oder Dingen zu Götzen. Zugleich vergötzen sie sich selbst, denn sie wollen unbedingt und grenzenlos anerkannt werden - wie Gott.

12. Sünde ist Verstoß gegen das 2. Gebot ("Du sollst dir kein Bildnis machen"). Sünder sehen alles nur unter dem Aspekt an, was es für ihre Selbsterhaltung und ihr Anerkannt-werden leisten

kann. Sie machen sich ein Bild davon, sie verkennen dessen wirkliches Sein, sie werden ihm nicht gerecht und fügen ihm damit Schaden zu.

13. Das Bedürfnis nach Selbstrechtfertigung begleitet alles Tun, es bleibt aber meist verborgen. Es bewirkt, dass auch das Tun des Guten nicht rein und selbstlos ist und deshalb auch nicht nur Gutes daraus entsteht. Erlösung von der Sünde hat mit der Frage zu tun, wie Gutes Tun möglich ist (im Unterschied zum gut Gemeinten).

14. Das Gesetz Gottes (die Tora) ist eine Hilfestellung für Sünder, dennoch Gutes tun zu können. Es setzt also die Sünde voraus; Sünde ist nicht zuerst Übertretung der Gebote. Die Übertretung der Gebote macht aber die Sünde offenbar.

15. Die Gebote kann nur halten, wer Gott kennt und sein gnädiges, befreiendes Handeln erfahren hat: "Ich bin der Herr dein Gott, der dich aus dem Sklavenhaus Ägypten herausgeführt hat. Du sollst..." Eigentlich genügt es, das 1. Gebot zu halten. Dann folgen alle anderen nach. Da es damit aber meistens nicht klappt, gibt es die zweite Tafel des Dekalogs. Dessen Forderungen können auch von der Vernunft als sinnvoll eingesehen werden, aber die Vernunft kann nicht erklären, wie es möglich ist, sie zu halten. Werke, die ohne Glauben getan werden, rechtfertigen nicht - sie schaffen keine Gerechtigkeit (Galater 2,16)

Was bedeutet "Erbsünde" ?

Begriff: peccatum originale, im Unterschied zu peccatum actuale (Tatsünden). Sie wird nach kirchlicher Lehre durch Verbreitung bzw. Vererbung (propagatione), nicht nur durch Nachahmung (imitatione) weitergegeben.

1. Biblisch

Die Urgeschichte Genesis 1-11 (gemeint ist die ganze Menschheit) erzählt, dass, solange es Menschen gibt, sie immer Schlechtes tun. Der Grund dafür ist Ungehorsam gegen Gottes lebensförderndes Gebot

3, 1-24: wie Gott sein wollen, Gebote nicht anerkennen;

4, 1-16: Brudermord aus Konkurrenz;

6, 1-7: Männer kommen sich wie Göttersöhne vor - Kritik der Religionen;

11, 1-19: Turmbau - Überschätzung technischer Möglichkeiten, totalitärer Einheitszwang im Großreich). Gott: "Die Gedanken des Menschenherzens sind böse von Jugend an" (Genesis 8,21). So ist es, aber Gott will sie nicht mehr vertilgen und bietet ihnen seinen Bund an (7 Gesetze Noahs noachidischer Bund mit der ganzen Menschheit).

Die "Vererbung" der Sünde wird nicht gelehrt, die Sexualität ist nicht im Blick. Paulus kennt die Macht der Sünde (hamartia), die die ganze Welt im Griff hat (bei Juden: Hochmut, bei Heiden: Götzendienst, Römer 1, 18-3, 20). Sie wird erst von der in Christus geschehenen Befreiung aus sichtbar. Von Vererbung ist bei ihm nicht die Rede. - Jesu historischer Beitrag: Er spricht den Menschen Tora-Fähigkeit zu - jeder kann das Gute tun, der von der Liebe und Bundestreue Gottes weiß! Von dort her wird erkennbar, was man bisher versäumt hat.

2. Theologie-geschichtlich

Augustinus (354-430). Augustinus argumentiert in einer doppelten Frontstellung:

1. Kindertaufe - wenn Taufe Vergebung der Sünden ist, von welcher Schuld werden die Kinder befreit? Und warum können sie weiter sündigen?

2. Gegen Pelagius, welcher lehrte, dass der gute Wille und die Kräfte des Menschen allein ausreichen, um das Gute zu tun (z.B. enthaltsam zu leben).

Augustinus: Ohne die Gnade Gottes kann man überhaupt nichts Gutes tun. Die Gnade Gottes empfangen wir in der Taufe, die auch die Kinder brauchen, denn: Die ganze Menschheit ist seit Adam von der Sünde umfangen.

Augustinus verstand Römer 5,12 ("Durch einen Menschen ist die Sünde in die Welt gekommen und durch die Sünde der Tod, weil [eph ho] alle sündigten") als Aussage über die Vererbung der Sünde von Adam an [eph ho = in ihm]. Dabei setzte er die zu seiner Zeit modernste Theorie über die Entstehung der Seele voraus, den Traduzianismus (= bei der Zeugung werden Seele und Leib übertragen). Die Übertragung der Sünde geschieht durch die Lust, mit der die Zeugung geschieht.

Augustinus` Lehre: Im Paradies hatten die Menschen die Möglichkeit gehabt, nicht zu sündigen. Den Aufstand gegen Gott bestraft dieser dann mit dem Aufstand des Fleisches gegen den Geist (poena reciproca).

Seitdem können sich die guten Antriebe im Menschen nicht mehr gegen die schlechten (Hochmut, Selbstliebe) durchsetzen. Alles ist von der Begierde (concupiscentia) beherrscht, wie vor allem an der Sexualität zu sehen ist. Christus hat die Menschheit von dieser Schuld befreit. Die Taufe hebt die Strafe für den Sündenfall auf, die Getauften müssen nicht mehr sündigen (posse non peccare). Aber die Begierde bleibt kraft der Vererbung, und die Getauften befinden sich in einem lebenslangen Kampf zwischen Geist und Fleisch (→ Zwei-Reiche-Lehre, Geschichtstheologie). Die Gnade lenkt und

unterstützt den guten Willen, aber durch die
Willensfreiheit bleibt immer die Möglichkeit zum Bösen.

3. Systematisch

Die Lehre von der Erbsünde scheint ein hölzernes Eisen
zu sein - entweder Erbe (Geschick) oder Sünde (freie,
verantwortliche Tat).

EVANGELISCHE THEOLOGIE (seit Luther): Durch die
Erbsünde ist die menschliche Natur auch nach der Taufe
ganz verdorben, sie kann aus sich heraus nichts Gutes
tun und ist ganz auf die Gnade Gottes angewiesen, die
sie im Glauben empfängt.

Der Wille des sündigen Menschen ist nicht frei weder in
Bezug auf die Vermeidung des Bösen (ohne die Gnade),
noch in Bezug auf die Ablehnung des göttlichen Heiles
(Prädestination). Die Unterscheidung von Peccatum
originale und peccatum actuale wird von Luther
aufgegeben.

KATHOLISCHE THEOLOGIE: Die Natur ist nur
geschwächt, im Prinzip fähig zum Guten, das sie aber
ohne die Hilfe der Gnade meist verfehlt. Deshalb die
kirchlichen Gnadenmittel = Heilmittel, die die von der
Begierde kranke Natur immer wieder heilen. Die
Erbsünde ist vergeben, die Urstands- Gnade
wiederhergestellt, aber Tatsünden jederzeit möglich (die
Unterscheidung wird also beibehalten). Die katholische
Theologie der Neuzeit hat sich vor allem am Problem des
Monogenismus abgearbeitet. (griech. = die Lehre von
einer Abstammung), die Lehrmeinung, dass alle nach
einer Ursünde lebenden Menschen von einem einzigen
Menschenpaar abstammen. Diese Lehrmeinung
beinhaltet also eine naturwissenschaftliche Aussage in
theologische Absicht. Sie steht im ausdrücklichen
Gegensatz zum Polygenismus, nach dem sich die
Hominisation, der evolutive Übergang vom Tierreich zur

Menschheit bei ein u. derselben Tierspezies in Populationen ereignet habe, und zum Polyphylismus, nach dem sich die Menschheit aus mehreren Tierspezies entwickelt habe.

Die theologische Absicht des Menschen war es, allen naturwissenschaftlichen Hypothesen zum Trotz an der Einheit (und Solidarität) der Gesamtmenschheit vor Gott festzuhalten, in der Schöpfung, in der Heilsgeschichte und in der Vollendung der Schöpfung und Menschheits- geschichte. Eine wesentliche Funktion kam dabei der katholischen Lehre von der Erbsünde zu, die aus der Tat *eines* Menschen hervorgegangen sei und durch Abstammung, nicht durch Nachahmung auf *alle* Menschen (mit Ausnahme Marias u. Jesu Christi) übertragen werde. Die biblische Begründung wurde Texten entnommen, deren Inhalt als selbstverständlich u. evident angesehen wurde, vor allem der "antitypischen" Gegenüberstellung des *einen* Menschen Adam und seines Ungehorsams im Gegensatz zu dem *einen* Jesus Christus und seinem Gehorsam bei Paulus (Römer 5, 12–21; 1 Korinther 15, 22 f. 45 f.).

Unabhängig davon, wie sich die naturwissenschaftliche Diskussion über die Polygenismus-Hypothese weiterentwickeln wird, kann gesagt werden, dass es der Theologie nicht zukommt, biologische Aussagen zu machen.

Die Absicht der kirchlichen Lehre, die Einheit der Menschheit als theologischer Größe zu betonen, kann auch ohne die Voraussetzung eines biologischen Menschen erreicht werden: Die Menschheit ist durch ihre Herkunft von dem einen Gott, durch ihre Zugehörigkeit zu seiner einen Heilsverwirklichung, durch seinen universalen Heilswillen, durch die Verwirklichung des "Wesens Mensch" in einer geschwisterlichen Menschheit, durch die gegenseitige Beziehung und Abhängigkeit in räumlichen und zeitlichen Schicksalen, durch die

"menschheitliche " Bedeutung Jesu, durch ihr gemeinsames Ziel im Reich Gottes eine wahre, reale Einheit.
Das ethische Profil dieser einen Menschheit ist im
positiven und im negativen Sinn durch die personalen
Entscheidungen aller Menschen mitbestimmt, da keine
wesentliche Entscheidung in der bloßen Innerlichkeit des
Individuums verbleibt. Und schließlich, im Blick auf die
sogenannte Erbsünde: Die ganze Menschheit ist vom
Anfang ihrer Existenz an nicht "unschuldig", Schuld ist
das universal vorkommende, die Menschheit
mitprägende Phänomen. Für diese unheile Situation ist
es gleichgültig, ob sie auf eine erste Sünde eines
einzelnen Menschen zurückgeführt oder durch viele
Menschen herbeigeführt worden ist (die Erbsündenlehre
besagt ja nicht, dass die *Tat* eines ersten Menschen
vererbt und nachkommenden Generationen zur Last
gelegt wird).
Nachdem dieser preisgegeben wurde, hat man oft auch
die Sache der Erbsündenlehre preisgegeben. Neuere
Versuche: Erbsünde als 'sündiges Milieu', als 'soziale
Sünde' (Theologie der Befreiung) - die biologische
Erklärung wird durch eine gesellschaftliche ersetzt, ohne
besser zu sein. Zu verstehen ist: Die Erb- oder Ursünde
ist nicht eine von den einzelnen Sündentaten
verschiedene Sünde. Sie ist vielmehr das Sündige in
allem Sündigen, nämlich: der Versuch, sich
Lebenserhaltung und Bejahung ohne Gott zu
verschaffen. Da die Annahme durch Gott nicht in den
Erfahrungsbereich des Menschen fällt (Glaube ist das
feste Vertrauen auf etwas, was man nicht sieht, Hebräer
11, 1), ist dieses Verhalten den Menschen natürlich und
normal. Trotzdem geschieht es in jedem einzelnen Fall
als Tat der Freiheit, denn Gläubige wissen: Die Gnade
Gottes war der Menschheit zu jedem Zeitpunkt
angeboten (Römer 1,20: "Denn sein unsichtbares
Wesen, seine ewige Macht und seine Göttlichkeit sind
seit Erschaffung der Welt an seinen Werken durch die

Vernunft zu erkennen. Sie [die Sünder, alle] sind darum nicht zu entschuldigen.")

Die Ur- oder Erbsündenlehre ist eine aufstrebende Erkenntnis. Sobald jemand erkannt hat, wie Leben aus der Gnade heraus in Gerechtigkeit möglich ist, erkennt er auch, wie falsch das Vorherige war, und dass es hätte anders sein können. Und dann erkennt er auch, dass das falsche Verhalten unentschuldbar war. Jesu Lehre von der Tora-Fähigkeit aller verhält sich aufstrebend zur gesamten Menschheitsgeschichte vor ihm. Gegenüber den Juden: weil sie sich des Privilegs, Gottes Volk zu sein, rühmten, und deshalb die anderen (Unreinen/ Heiden etc.) richteten; sie verkannten die Güte und Langmut Gottes (Römer 2 - unbedingt lesen!). Gegenüber den Heiden: weil sie die ihnen mögliche Erkenntnis Gottes nicht festhielten, weil sie die Wahrheit mit der Lüge vertauschten (Römer 1,18-32: sie wissen ja selbst, dass Verleumdung, Habsicht, Neid, schlimme Leidenschaften den Tod nach sich ziehen, aber sie tun es trotzdem). Auch heutige Erkenntnis der Ursünde kann sich nur als aufstrebend vollziehen! Die Logik aufstrebender* und nicht-aufstrebender Erkenntnisse ringen stets miteinander. Emergenz = Aufstreben , Auftauchen, Etwas Neues, Unerwartetes entsteht, das eine bisher verborgene Logik des Früheren enthüllt.

2.4 Erlösung - wovon? Die Macht des Todes

Was wir verstehen müssen: "Der Sold der Sünde ist der Tod" (Römer 6,23) und "Durch den Tod kam die Sünde zur Herrschaft" (Römer 5,21) Also: Sünde und Tod bedingen sich gegenseitig. Der Tod folgt aus der Sünde, aber die Sünde breitet sich durch den Tod weiter aus. Die klassische Lösung bei Augustinus (nach "De civitate Dei", XIII. Buch). Augustinus hat zwei Voraussetzungen:
1. Das Sterben-müssen ist Strafe für die Sünde im Paradies (Genesis 3, 3),
2. Die Seele ist unsterblich (Beides ist so nicht richtig, siehe Genesis 3, 19 "Denn Staub bist du, und zum Staub musst du zurück").
Augustinus erklärt es so: Es gibt einen ersten Tod (Die Seele verlässt den Leib) und einen zweiten Tod (Gott verlässt die Seele = ewige Verdammnis). Beide Arten des Todes sind Sündenstrafe, durch die Erlösung werden die Gerechten aber von dem zweiten Tod befreit, die Sünder dagegen nicht. Auch die Gerechten müssen den ersten (bitteren) Tod erleiden, denn sonst würden sie übermütig, der Glaube wäre zu leicht. - Für Augustinus hängt das Sterben-müssen mit der Endlichkeit und Vergänglichkeit des Menschen zusammen.
Biblische Perspektive Vom Sterben-müssen kann man nicht erlöst werden, denn der Mensch ist aus Staub, und zum Staub muss er zurückkehren (Genesis 3,19; Sirach 16, 30; 17, 1 u.ö.): Das ist normal, nicht Folge der Sünde, das ist sogar gut so.Wohl aber soll der Tod nicht in Bereiche vordringen, in denen er nichts zu suchen hat. Der Tod soll nicht in das Reich des Lebendigen vordringen. Menschen verbreiten durch Sünde den Tod, aber Gott steht auf Seiten des Lebens, der Fülle, der Freude und der Wonne (Psalm 51). Gott kämpft gegen den Fatalismus des "Seins zum Tode" (Heidegger) für das "Sein zum Leben".

Leben, Lebendigkeit wird durch Gerechtigkeit befördert: "damit, wie die Sünde durch den Tod zur Herrschaft kam, so auch die Gnade (= Gottes Einsatz für das Leben) durch die Rechtfertigung (=Gerechtmachung) zur Herrschaft komme für das ewige Leben (= das wahre Leben, das Leben in Fülle und Freude) durch Jesus Christus, unseren Herrn" (Römer 5, 21). Mit anderen Worten: Von Natur aus ist dem Tod ein bestimmter Bereich zugewiesen. Die Sünde vergrößert diesen Bereich. Die Gnade verkleinert ihn (die Tora ist ein anderes Gesetz als das Naturgesetz, sie lässt weniger Tod zu). Wodurch dringt der Tod unnötig in den Bereich des Lebendigen vor? Durch die Sünde, denn die Sünde überlastet die Lebensbeziehungen so, dass sie darunter zusammenbrechen. Oder anders: Der Sünder nutzt das System der Stellvertretung, auf dem Lebendigkeit beruht, zu seinen Gunsten aus. Er will mehr nehmen als geben. Dadurch wird die Stellvertretung zerstört. Stress lässt früher sterben.

Beispiele

• Überlastung von personalen Beziehungen durch durch Selbsterhaltungs- und Selbstrechtfertigungs- Ansprüche. Ein krebskranker Mann zwingt seine Frau zur Pflege. Dass sie ihn pflegen muss, gibt ihm Wert und Sinn. Er glaubt, ein Recht darauf zu haben, und ist nicht dankbar. Zugleich nimmt er sich in seiner Krankheit alle Freiheiten. Noch lange nach seinem Tod findet die Frau keinen Zugang mehr zur Fülle des Lebens.

• Schuldgeschichten. Schuld entsteht in der Regel dadurch, dass jemand für den Mangel seines Lebens andere verantwortlich macht. Er verlangt mehr von ihnen als sie ihm geben können. Die so Überforderten suchen den Mangel, dessen sie beschuldigt werden, auf andere zurückzuwälzen. So entstehen Schuldgeschichten, die Leben zerstören. Eine Mutter, die alles für ihre Tochter getan hat, kommt mit deren Erwachsenwerden und Lebensglück nicht zurecht. Sie (Erlösung - wovon? Die Macht des Todes) empfindet einen Mangel an Lebendigkeit, und führt dies auf fehlende Liebe der Tochter zurück. Die ewig beschuldigte Tochter trägt das Bewusstsein des Versagens in ihre Familie. Selbstloses, freudiges Zusammensein ist nicht mehr möglich. "Gott ahndet die Schuld der Väter an den Kindern, Enkeln und Urenkeln" (Exodus 20, 5).

• Funktionalisierung der Beziehung zur Natur durch Nutzkalkulation Agro-Industrie zerstört sichtbar die Vielfalt des Lebens. - Abfall"entsorgung" überlastet die Natur. - Das gehört zur kapitalistischen Produktion von Anfang an: "Externalisierung negativer Effekte" auf die Arbeiterschaft im 19. Jahrhundert, auf die Kolonialvölker, auf die grüne Natur. In den letzten 50 Jahren hat die Menschheit mehr "Rohstoffe" verbraucht und mehr Boden versiegelt als in der gesamten Geschichte vorher.

• Auszehrung der Gegenwart durch Zukunftsvorsorge. Das erklärt die Theorie des Ökonomen J. M. Keynes (General theoriy of employment, interest und money, 1936) gut: Normalerweise müsste der Kreislauf zwischen Angebot und Nachfrage stabil sein. Gewinn kann reinvestiert werden, es wird mehr verkauft, höhere Löhne werden gezahlt, es wird mehr gekauft usw. Wenn aber Kapital aus dem Güterkreislauf entnommen wird, wird die Investition gehemmt, Arbeitsplätze entfallen. Es wird aber Geld entnommen, um für die Zukunft handlungsfähig zu sein ("Liquiditätspräferenz"). Die Wertschätzung der Liquidität führt zu hohen Zinsen (= Prämie für die Nichthortung von Geld). Hohe Zinsen verleiten zur Spekulation. Am Ende steht: Spekulieren ist lukrativer als investieren. Das geht zu Lasten der Investition und des Konsums, es führt zu Armut, Arbeitslosigkeit, Verlust an Lebensqualität und unnötigem Sterben.

Keynes: "Dass die Welt nach verschiedenen Jahrtausenden beständigen Sparens der Einzelnen so arm an angehäuften Kapitalwerten ist, ist nach meiner Ansicht weder durch die unvorsorglichen Neigungen der Menschheit, sogar nicht einmal durch die Zerstörungen von Kriegen, sondern durch die hohen Liquiditätsprämien zu erklären, die früher dem Besitz von Land anhafteten und jetzt an dem Besitz von Geld hängen." (Allgemeine Theorie, S. 202) Ergo: Zukunftsvorsorge zerstört Gegenwart. Heute gehen täglich 1,2 bis 1,5 Billionen Dollar an unproduktivem Kapital um die Welt.

Zusammenfassend

Sünde reagiert auf ein Bewusstsein von Mangel. Sie handelt immer aus Sorge. Sie stopft aber die Löcher (an Bestätigung, Daseins- und Zukunftssicherheit) so, dass an anderer Stelle größere Löcher entstehen. In diesen Löchern nistet sich der Tod ein (nicht immer fällt auch der Sünder selbst in diese Löcher, das ist das Problem). Das heißt: Der Tod ist der Sünde Sold. Indem aber neue Löcher gerissen werden, neuer Mangel entsteht, wird wiederum sündiges Handeln herausgefordert. Das heißt: Durch den Tod kommt die Sünde zur Herrschaft.

2.5 Erlösung - wovon? Der Fluch des Gesetzes

Gemeint ist nicht irgendein Gesetz, sondern das Gesetz des Mose, die Tora, das Gesetz, das Gott selbst gegeben hat. Warum müssen wir von diesem Gesetz erlöst werden? Widerspricht Gott sich selbst? Auf welchen Wegen ist denn das Leben zu finden?

Palm 1, 2: Selig der Mann, der Freude hat an der Tora des Herrn, und über seiner Weisung murmelt bei Tag und bei Nacht. Er ist wie ein Baum, gepflanzt an Wasser-bächen.

Galater 3, 10: Denn alle, die in Gesetzeswerken aufgehen, stehen unter dem Fluch... Levitikus 26,3ff: Wenn ihr in meinen Satzungen wandelt und meine Gebote beobachtet und sie erfüllt, dann gebe ich euch Regen zur rechten Zeit ... Da wird sich bei euch die Dreschzeit bis zur Weinlese ausdehnen und die Weinlese bis zur Aussaat hinziehen ... Ich will Frieden im Lande geben, so dass ihr euch niederlegen könnt, ohne dass euch jemand aufschreckt...

Römer 3, 28: Denn wir sind überzeugt, dass der Mensch durch den Glauben ohne Gesetzeswerke gerechtfertigt wird...

Das Gesetz des Lebens Das Gesetz des Mose ist aus der aufstrebenden Erfahrung gelingenden, befreiten, ewigen Lebens heraus gegeben. Es nennt die Bedingungen, die in diesem Leben gelten und unter denen es erhalten werden kann. Mose empfängt das Gesetz in der Gemeinschaft mit Gott auf dem Sinai (Exodus 24, 12-18)...

Das Gesetz sagt, was wir nicht zu tun brauchen (die Verbote) - Am Sabbat brauchst du nicht zu arbeiten, und in jedem siebten Jahr hast du Ferien. Exodus 23, 10-13

Hinter fremden Göttern brauchst du nicht herzulaufen, die Zwänge des Götzendienstes nicht mitzumachen Deuteronomio 6, 14; z.B. nicht den Götzen zuliebe deine Söhne und Töchter verbrennen. Deutonomio 12, 31 Abscheuliches wie z.B. Aas brauchst du nicht zu essen Deutonomio 14,3ff.

Du brauchst keine Zinsen zu nehmen; du hast es nicht nötig, von der Armut der anderen zu leben Numerologie 25, 35ff

Du hast es überhaupt nicht nötig, mit Mord, Diebstahl und Lüge durchs Leben zu kommen Deuteronomio 5,1720 Die Befreiung von der Sorge, der all diese Tätigkeiten gelten, ist vorausgesetzt. Ohne Sorge braucht man das nicht mehr zu tun.

Das Gesetz sagt, was wir nur zu tun brauchen (die Gebote) - Es genügt im Grunde, Gott zu lieben und ihm für die Befreiung dankbar zu sein. Alles andere kommt von selbst. Deuteronomio 6, 4.

Es genügt, den Zehnten zu geben. Mehr ist für die Gerechtigkeit nicht verlangt. Deutonomio 14, 22. Den Rest darfst du mit gutem Gewissen genießen.

Die Eltern brauchst du nicht zu lieben, es genügt, sie ehrenvoll und anständig zu behandeln. Deuteronomio 5, 16

Bei Streitsachen brauchst du nicht selber für dein Recht zu sorgen und zu kämpfen, dafür gibt es die ordentlichen Gerichte (Deuteronomio Dt 16,18-20). Und es genügt, wenn du nur das zurückerhältst, was dir weggenommen wurde, um deine Ehre brauchst du nicht besorgt zu sein

Deuteronomio19, 21: Auge um Auge. Die Gebote nennen die Mindestbedingungen für ein Leben in Gerechtigkeit, Friede und Freude. Eigentlich sind sie selbstverständlich, aber für die Regelung des öffentlichen Lebens müssen sie noch einmal genannt werden.

Das Gesetz ist großzügig, es befreit von kleinlichem Legalismus - Wer ein Haus gebaut hat, wer gerade einen Weinberg angelegt hat, wer frisch verlobt oder verheiratet ist, wer Angst vor dem Kämpfen hat, braucht nicht in den Krieg zu ziehen. Deuteronomio 20, 5-8

Wenn du durch ein Feld oder Weinberg gehst, kannst du dir ruhig etwas abpflücken, um deinen Hunger zu stillen. Deuteronomio 23, 25f

Im Zweifelsfall gilt stets: die konkreten Belange der Menschlichkeit gehen vor. Situationsbezogene Schriftauslegung hat dafür zu sorgen, dass das so bleibt. Der Fluch des Gesetzes Wenn jemand keine Ahnung hat von der Fülle des Lebens, aus der das Gesetz kommt, dann muss er das Gesetz missverstehen. Er denkt dann: Das und das darf ich nicht tun, das und das muss ich tun, um den Ansprüchen Gottes zu genügen und gerecht zu sein. Das Gesetz kommt dann nicht mehr aus Fülle, sondern aus dem Mangel - und wird zu einer schweren Belastung.

Das Gesetz richtet mich dann ständig, weil es mir meine Übertretungen vorhält. Römer 2,12: Alle, die im Gesetz gesündigt haben, werden durch das Gesetz gerichtet.

Das Gesetz weckt geradezu die Lust am Verbotenen. Römer 7, 7: Ich hätte die Sünde nicht kennengelernt, wenn es nicht durch das Gesetz geschehen wäre.

Ich erfahre das Gesetz als Überforderung. Römer 7, 14-15: Ich sehe ein anderes Gesetz in meinen Gliedern... Ich unglückseliger Mensch!

Oder aber: Das Gesetz verführt zur Selbstgerechtigkeit, zum falschen Selbstvertrauen.

Römer 3, 27: Wo bleibt nun das Rühmen? Es ist ausge-schlossen. Damit zerstört es menschliche Beziehungen .

Lukas 18,11: Gott, ich danke dir, dass ich nicht so bin wie die übrigen Menschen. Paulus sieht hier das Hauptproblem: Das Gesetz wird pervertiert, wenn es in den Dienst der Sünde gestellt wird (Anerkennung durch andere aufgrund eigener Leistung) . Es verführt dazu, sich an Äußerlichkeiten aufzuhalten und darüber das Wesentlich zu vergessen

Lukas 11, 42: Aber wehe euch, Pharisäer, ihr gebt den Zehnten von Minze und Raute und jedem Kräutlein, aber über das Recht und die Liebe Gottes geht ihr hinweg. Dieses aber sollte man tun und jenes nicht unterlassen. Äußerliche Reinheit ist dann wichtiger als das innere Gutsein

Lukas 11, 39: Ja, ihr Pharisäer, das Äußere von von Becher und Schüssel reinigt ihr, euer Inneres aber ist voll von Raub und Bosheit.

Es zieht eine Grenze und wirkt ausgrenzend. Es reißt einen Graben auf zwischen "Israel" und "Ägypten", zwischen gut und schlecht, wahr und falsch, richtiger und falscher Religion, zwischen Auserwählten und Verworfenen, und sät damit endlose Gewalt

Deuteronomio 7, 3-6: Du darfst dich nicht mit ihnen (den anderen Völkern) verschwägern; deine Tochter darfst du dem Sohne eines von ihnen nicht zur Frau geben und die Tochter eines von ihnen darfst du deinem Sohne nicht zur Frau nehmen. Denn dein Sohn würde mir abspenstig gemacht, so dass er andere Götter verehrt; Jahwes Zorn würde wider dich entbrennen und doch schleunigst austilgen. Ihr sollt vielmehr mit ihnen so verfahren: ihre Altäre sollt ihr niederreißen, ihre Malsteine zertrümmern, ihre heiligen Bäume umhauen und ihre Gottesbilder im Feuer verbrennen. Denn du bist ein Volk, heilig für Jahwe, deinen Gott; dich hat Jahwe, dein Gott, erwählt, ihm zu gehören als Eigentumsvolk, unter allen Völker auf Erden. ...

Deuteronomio 7,16: Du aber sollst alle Völker, welche Jahwe, dein Gott, dir preisgibt, verschlingen; du darfst sie nicht mitleidigen Blicks verschonen, und ihre Götter darfst du nicht verehren, denn das wäre ein Fallstrich für dich!

Esra 10,11: Nun gebt Jahwe, dem Gott eurer Väter, die Ehre, und erfüllt seinen Willen. Trennt euch von den Völkern des Landes und von den fremden Frauen. Die vom Gesetz aufgerichtete Unterscheidung zwischen Gerechten und Ungerechten kann sich in das Volk Gottes hinein verschieben. Der Rest der Gerechten wird dann immer kleiner. Wer ist schon gerecht, wer kann schon alle Forderungen des Gesetzes erfüllen?

Psalm 14, 3: Doch sind alle abgewichen, alle verderbt, nicht einer, der Gutes täte, nicht einer.

Paulus zitiert das Römer 3,10. Also verdienen alle die Strafe des Gesetzes. Zuletzt lässt das Gesetz an der Güte Gottes verzweifeln, indem es an seiner Gerechtigkeit festhält. Dieser Meinung waren zur Zeit Jesu viele Lehrer Israels. Jesus ist verzweifelt über die Verkehrtheit, die ihm bei vielen Pharisäern und Schriftgelehrten bezüglich des Gesetzes entgegentritt. Wie kann nur das Volk, das das Gesetz des Lebens bekommen hat, so blind und verstockt sein.

Matthäus 23, 37f (im Anschluss an die Abrechnung mit den Pharisäern und Schriftgelehrten) heißt es: Jerusalem! Jerusalem! Du tötest die Propheten und steinigst die, die zu dir gesandt sind. Wie oft habe ich deine Kinder sammeln wollen, wie eine Henne ihre Küchlein unter ihre Flügel sammelt. Seht, euer Haus wird euch verödet überlassen werden. Jesus wollte die Ausgangsgewissheit, die das Tun des Gesetzes überhaupt erst möglich macht, in seinen Worten und Werken wieder lebendig machen, nämlich das aufstrebende Geschehen des Geistes.

Lukas 4, 18.21: Der Geist des Herrn ruht auf mir, weil er mich gesalbt hat. Heute ist dieses Schriftwort vor euren Ohren erfüllt worden. Er war ebenso bei Gott wie Mose vor dem Empfang des Gesetzes und spricht aus dieser Nähe zu Gott heraus. Paulus hat an Person und Geschick Jesu erkannt, was es heißt, an diesen Gott zu glauben. Darum sagt er: wir werden zuerst durch den Glauben gerecht gemacht. Dann können wir das Gesetz um so besser halten.

Römer 3, 31: Heben wir durch den Glauben die Bedeutung des Gesetzes auf? Keineswegs? Wir bringen das Gesetz zur Geltung.

2.6 Erlösung - wovon? Der Teufel und das Böse

Die Bibel und die gesamte kirchliche Tradition kennt die Rede vom Teufel, die uns heute so unverständlich geworden ist und meist abgelehnt wird. In der Bibel ist der Teufel ein Randphänomen; Name und Sache kommen aus dem außerbiblischen Raum.

Bedeutung gewinnt er nur in apokalyptischen Zeiten und Schriften (meist außer-kanonisch) angesichts der Erfahrung von der Übermacht des Bösen. Der Teufel ist (christlich) kein zweites Prinzip neben Gott (kein Dualismus), sondern ein gefallener Engel, der, von Gott gut geschaffen, sich aus freiem Willen gegen Gott aufgelehnt hat. (Schwache) biblische Belege für den Engelssturz: 2 Petrus 2, 4; Offbarung 12, 7f.

Systematische Bedeutung der Lehre vom Teufel

– Sie will das Mysterium des Bösen (Mysterium iniquitatis) genauer fassen (nicht erklären)

– Sie will Gott von der Verantwortung für das Böse freihalten

– Sie will den Menschen von der restlosen Verantwortung für das Böse freisprechen.

– Sie will der Verharmlosung des Bösen wehren

– Sie will das Ungenügen der Sünden- und Erbsündenlehre ausgleichen

Positiv will die Lehre vom Teufel vier Anliegen gerecht werden

1. angesichts des einen Gottes die Einheit aller Wirklichkeit zu denken

2. der Wirklichkeit des Bösen nicht nur als Privation, sondern als Position gerecht zu werden

3. Gott auch angesichts der nicht zu leugnenden Anwesenheit des Bösen als Liebe zu denken

4. den Menschen trotz seiner ihm zurechenbaren Untaten nicht als Bösen denken zu müssen, sondern als einen denken zu können, der 'nachgibt', wenn er das Böse tut.

Die Lehre vom Teufel als Person

Mit dieser Lehre soll nicht gesagt sein, dass es die Person des Teufels gibt [die Existenz des Teufels ist kein Dogma!], sondern mit dem Personenbegriff wird etwas über die Art der Anwesenheit des Bösen ausgesagt, was sich ohne diesen Begriff nicht aussagen lässt, nämlich:

1. Das Böse hat auch einen positiven Charakter, es ist eine furchtbare Realität

2. Das Böse ist eine kontingente Größe und auf keinen Fall ein metaphysisches Prinzip. Es ist nicht notwendig und auch nicht 'tragisch'

3. Das Phänomen des Bösen hat mit dem Phänomen der Freiheit zu tun

4. Das Böse ist zwar eine vom einzelnen Menschen zu unterscheidende Macht, aber keine, die ihn zwingt, das Böse fortzusetzen

5. Widerstand gegen das Böse ist also möglich

6. Das Böse bleibt in seinem Ursprung unbegreiflich Die Lehre vom Teufel als "frohe Botschaft"? Wenn man das

Böse ganz und gar auf die Freiheit des Menschen zurückführt, dann wird man nicht umhin können, einzelne Menschen für wahrhaftige Teufel zu halten, d.h. für nicht mehr erlösungsfähig, für definitiv verloren. Der Gnade Gottes wäre damit eine Grenze gesetzt. Es bleibt aber Hoffnung, wenn gilt: "Der Mensch aber sündigte aufgrund der Eingebung des Teufels". Die Geschichte kann Gott niemals ganz entgleiten.

"Die Lehre vom Teufel lehrt also, keinen Menschen allen Ernstes, d.h. mit allen Konsequenzen zu verdammen [...], sondern ruft eher dazu auf, am anderen auch dann noch in der Hoffnung auf sein Heil festzuhalten, wenn dieser sich satanisch gebärdet. In diesem Sinne ist gerade auch die christliche Lehre vom Teufel eine frohe Botschaft, die Hoffnung auf ein gutes Ende für ausnahmslos alle Menschen zu wecken vermag. Sie ermöglicht zwei Dinge zugleich: an der Hoffnung an das Heil aller Menschen festzuhalten und daran, dass es (außerordentlich) Böses in der Welt gibt, das niemals zu rechtfertigen ist." (Claret S. 384) Sowenig der Mensch in der Lage ist, aus eigenen Kräften sein Heil zu wirken, so wenig ist er in der Lage, ganz allein sein definitives Verloren-sein zu wirken.

2.7 Erlösung - wodurch? Sühne und Stellvertretung

Paulus überliefert 1. Korinther 15,3: "Christus ist für unsere Sünden gestorben nach der Schrift." Das ist zu verstehen. Die neutestamentlichen Schriften (Pls, Hebr) können sich dieses Sterben Christi für unsere Sünden nicht ohne Rückgriff auf den alttestamentlichen Sühnegedanken' verdeutlichen. Hebräer 3-10: Christus, der vollkommene Hohepriester, bringt am Kreuz sich selbst als das ein für allemal gültige Sühneopfer für unsere Sünden dar. Römer 3, 25: "Ihn hat Gott als Sühnemal (= hilasterion, Versöhnungsplatte über der Bundeslade im Allerheiligsten, die mit Blut der Opfertiere besprengt wurde, Levitikus 16) hingestellt durch den Glauben in seinem eigenen Blut, um seine Gerechtigkeit zu erweisen."

Was ist Sühne?

Sühne ist nicht eine Leistung, die Menschen vor Gott zu erbringen haben, um ihn zufriedenzustellen, sondern die Wiederherstellung der durch die Sünde gestörten Gemeinschaft. Darum wird sie im Blut vollzogen: "Denn das Leben des Körpers ist in seinem Blut. Und nur für den Altar habe ich es euch überlassen, damit es eure Seelen entsündige. Denn das Blut bewirkt Sühne für ein Leben" (Levitikus 17, 11). Das heißt: Das auf dem Altar versprengte Blut stellt das Leben des Körpers, der Gemeinschaft, wieder her. Blut meint die Übertragung von Lebenskraft. Warum das Opfertier? Levitikus 16 hat zwei Böcke: einen, der geschlachtet wird, ein anderer, auf den die Sünden des Volkes übertragen und der dann in die Wüste geschickt wird ("Sündenbock", Levitikus 16,21f). Die Böcke repräsentieren das Schicksal, das dem Sünder zusteht: eigentlich müsste er sterben, eigentlich gehört er aus der Gemeinschaft ausge-schlossen und in die lebensfeindliche Wüste geschickt.

Stellvertretung

Die Böcke erleiden also stellvertretend das Geschick des Sünders. Alles hängt nun an dem Verständnis von Stellvertretung. Wird sie als Ersatz verstanden, ist alles falsch. Dann müsste sich Gott mit einem zweitrangigen Sühnopfer zufriedengeben, auf das die Schuld nur abgewälzt ist (christologisch weitergedacht: in Christus bekäme Gott ein erstrangiges Sühnopfer und könnte zufrieden sein!. Aber die Stellvertretung ist hier keine ausschließende (= Ersatz), sondern eine einschließende. Der Sühne-Ritus ermöglicht die Identifikation des Sünders mit seiner Sünde und ihren notwendigen Folgen. Es gilt: Der Sünder hat sich so an der Gemeinschaft vergangen, sie ist durch ihn so gestört, das sie mit ihm nicht mehr leben kann. Er muss in die Wüste, muss sterben. Römer 6, 7: "Denn wer gestorben ist, ist von der Sünde frei geworden." Aber soweit lässt es Gott nicht kommen. Der Sühne-Ritus ermöglicht eine "kreative Konfliktlösung" (Werbick, S. 242). Durch die Identifikation des Sünders mit dem Tier ("Aaron soll seine beiden Hände auf den Kopf des lebenden Bockes legen und über ihm alle Verschuldungen der Israeliten und alle ihre Übertretungen, die sie irgend begangen haben, bekennen und sie auf den Kopf des Bockes übertragen...", Levitikus 17,11) nimmt der Sünder die Schuld und ihre Folgen auf sich, ohne doch sterben zu müssen. Sühne ist ein Akt der identifizierenden (Selbst-)Erkenntnis, ermöglicht durch Stellvertretung! [Das ist bereits die Funktion des Gottesknechtes in Jes 53!] Sühne ist 'Sterben' und doch Weiterleben!Das vergossene Blut stellt dann die Gemeinschaft wieder her. Allgemein gilt von der Stellvertretung: Sie übernimmt für einen Menschen das, was dieser (noch) nicht selbst tun kann, was er aber zum Leben braucht.

Ihr Ziel ist, den Vertretenen zum Selber-Tun der vertretenen Handlung anzuleiten - auf dass er auch Stellvertretung für andere leisten kann. [Das ist vom Allgemeinen Priestertum zu verstehen!] Stellvertretung ist das Grundgesetz alles Lebendigen. Das versteht Paulus auch von Christus: Gott "hat den, der von keiner Sünde wusste, für uns zur Sünde gemacht, damit wir ihn ihm die Gerechtigkeit würden, die vor Gott gilt" (2 Korinther 5,21). Es geht also um die Wiederherstellung der Gerechtigkeit, dadurch, dass an Christus stellvertretend unsere Sünde und ihre Auswirkungen gezeigt werden und wir zu unserer Schuld stehen können, ohne selbst zu sterben. Gott ist der Handelnde, und das heißt: nicht wir bringen Gott die Sühne dar, sondern er schenkt uns diese Möglichkeit der "kreativen Konfliktlösung". Aber alles wird falsch, wenn das als Ersatz und nicht im Sinne der einschließenden Stellvertretung gedacht wird.

Stellvertretung, Sühne und Sakramente

Der einschließende, identifizierende Charakter der Sühne vollzieht sich nach Paulus in den Sakramenten Taufe und Herrenmahl. In der Taufe werden wir mit Christus gekreuzigt (Römer 6, 3-11), in der Eucharistie haben wir Gemeinschaft mit seinem vergossenen Blut und gebrochenem Leib (1. Korinther 10, 16). Dieses 'Mit ihm sterben' ist das, was im Sakrament geschieht, indem die Gläubigen sich mit Christus identifizieren [Die Täuflinge werden ersäuft - das ist mehr als eine symbolische Bedeutung]. Sie können das, weil er stellvertretend für uns gestorben ist [Das will der Leib-Christi-Gedanke sagen]. Damit ist der Tod, den die Sünde verdient, an uns geschehen und abgegolten, und wir leben wie Christus in der Gemeinschaft mit Gott. "Denn mit seinem Sterben ist er der Sünde abgestorben ein für allemal, mit seinem Leben aber lebt er für Gott" (Römer 6, 10).

Stellvertretung und Erlösung

Diese Bewegung der lebens-schaffenden Stellvertretung muss sich dann im Miteinander der Gemeinde fortsetzten: "Niemand suche den eigenen Vorteil, sondern den des anderen" (1 Korinther 10, 24). Die christliche Gemeinde ist eine Gemeinschaft der Stellvertretung, die auf der Stellvertretung Christi beruht. Und sie ist gerade darin die Gegenwelt zur Sünde. Denn Sünde ist die Überanstrengung des anderen - das Gegenteil von Stellvertretung! Christus hat uns von der Sünde erlöst, das heißt dann:

- Er hat am eigenen Leibe die Konsequenzen sündigen, stellvertretungslosen Lebens vor Augen geführt. Er hat dieses Leiden stellvertretend für die Sünder erlitten.

- So ermöglicht er denen, die an ihn glauben, zu ihrer eigenen Sünde zu stehen, sich mit ihr zu identifizieren.

- Sein stellvertretender Tod wird von Gott für den unseren akzeptiert - Gott möchte ja seine Gerechtigkeit (die zum Leben) offenbaren. Die Todesforderung des Gesetzes ist aber erfüllt.

- Aus der Gemeinschaft mit dem Gekreuzigten erwächst dann die Gemeinschaft mit dem Auferstandenen: auferstanden zu einem Leben, das der Sünde gestorben ist und nun selbst Stellvertretung für andere leisten kann.

2.8 Erlösung - wodurch? Opfer, Loskauf, Genugtuung, Verdienst

Die traditionelle Theologie hat die erlösende Wirkung des Kreuzestodes unter vier Begriffen zu beschreiben gesucht:

- Opfer (sacrificium)

- Loskauf (redemptio)

– Genugtuung (satisfactio)

– Verdienst (meritum), vgl. Thomas von Aquin, Summa theologiae III quaestio 48.

Daraus ersieht man:

1. Wie sich Erlösung vollzieht, ist offenbar nicht in einem Theorie-Modell auszusagen.

2. Die Erlösungslehre muss zu jeder Zeit neu gedacht werden - denn diese vier Begriffe zeigen zugleich eine zeitliche Reihenfolge an.

Oder: Was Erlösung ist, ist nur mit Bezug auf das zu verstehen, was in einer Zeit als Übel erfahren wird. Dessen Überwindung versuchen die jeweiligen Erlösungstheorien zu denken.

Opfer

Dies ist die früheste Theorie. Sie verweist auf den jüdischen Opferkult im Tempel, aber auch auf die heidnischen Opferriten. Sie greift tief in die Religionsgeschichte zurück: Religion war von Anfang an vor allem Opferkult. Was ist ein Opfer?

Allgemein

Opfern eine Leistung zugunsten eines anderen, die die eigenen Seins- Möglichkeiten beschränkt ("sich aufopfern...").

Religiös

Das Opfer hält den Raum für Gott in der Welt frei (Altar/ Tempel/ Opferzeiten). Es wird Gott als Gott gerecht, indem es ihm das ihm Zustehende zukommen lässt. Gott steht es zu, als Gott anerkannt zu werden.

Eigentumskategorie

Ausgedrückt in Eigentumskategorien: Gott bzw. die Götter bekommen, was ihnen zusteht. Das Opfer wahrt die Eigentumsrechte Gottes an allen Gaben der Schöpfung. Archaische Opferriten: Götter bekommen den ihnen zustehenden Anteil, um ihren Zorn zu besänftigen.

Personale Kategorie

In personalen, nicht sächlichen Kategorien: Das Opfer erkennt an, dass Gott Gott ist. Nicht die Gaben sind entscheidend, sondern die Opfergesinnung, die Gott Gott sein lässt. "Eigentlich seiend ist Gott; das Geschaffene nur von seinen Gnaden. So soll er auch der sein, der herrscht" (Guardini S. 574). Im Letzten hat der Mensch vor Gott kein eigenes Recht zu sein. Er existiert nur, weil Gott ihn sein lässt. Das richtige Opfer ist deshalb das Ganzopfer, das der Mensch Gott schuldig ist. Im Sühneopfer zumal gesteht der Sünder, dass er das Recht zu leben verwirkt hat. Guardini: "In Christus spricht das Geschöpf: 'Gott soll sein, nicht ich'. So wird die Sünde dessen gesühnt, der gesagt hat: 'Mein Wille soll gelten, nicht der Gottes!' (577).

Christus gibt damit Gott die Ehre, die ihm zusteht. Prophetische Opferkritik: "Barmherzigkeit will ich, nicht Opfer, Gotteserkenntnis, nicht Brandopfer" (Hosea 6,6 - Jesus ist auch dieser Meinung, vgl. Matthäus 9,13; 12,7). Der Raum, in dem Gott Gott sein kann, ist die Gerechtigkeit, die Menschen nach seinem Willen untereinander üben. "Gottes Ehre ist der lebendige Mensch".

(Irenäus): Gott verlangt für sein Gott-sein nicht die Auslöschung des Menschen, sondern die Lebendigkeit der Menschen in seiner Gerechtigkeit.

- Damit hat der prophetisch-biblische Opferbegriff das Opferverständnis genau umgekehrt. Im Opfer bringen wir Gott nicht etwas dar, sondern nehmen an, was er uns gibt. Aber diese Annahme der von Gott geschenkten Gerechtigkeit beinhaltet die Preisgabe unseres Sünderseins, unseres lebensfeindlichen, gegen die Gerechtigkeit gerichteten Seins.

Es ist aber Gott selbst, der durch das Geschenk seines Bundes die Sünde in uns überwindet: wir brauchen keine Sünder mehr zu sein. Der Hebräer will diese Umkehrung des Opfers beschreiben: Jesus ist der reine, makellose und mitfühlende Hohepriester, der das endgültige, unwiederholbare Sühneopfer (Hebräer 10,11-18) vollzieht. Dies wird in der Perspektive des früheren Tempelopfers gesagt.

Aber nicht die Selbstauslöschung Jesu und deren Annahme durch Gott als Opfergabe ist das Ziel dieses "Opfers", sondern die Aufrichtung des neuen Bundes, dessen Gesetze nun in die Herzen geschrieben sind (8,8-13 mit Jeremia 31, 31-34). Nicht Christus versöhnt Gott durch sein Opfer, sondern Gott versöhnt sich mit uns und will unserer Ungerechtigkeit nicht mehr gedenken.

- Der Hebräer "spielt" mit dem Opferbegriff, um ihn zu überwinden.

→ Fazit: In einer von wirklichen Opfern aller Art und von religiösen Opfern erfüllten Welt bedeutet die Erlösung durch das Opfer Christi das Ende aller Opfer. Der Opferbegriff wird dialektisch bis zu seinem Zerbrechen gedehnt.

2.9 Erlösung - wozu? Neues Leben in Fülle und Verheißung

In diesem Kapitel soll eine Auswahl an christlicher Argumentationen und Deutungen dargestellt werden, welche sich mit dem Begriff der Erlösung befassen.

• PLENI SUNT CAELI ET TERRA GLORIA TUA. ERFÜLLT SIND (DIE) HIMMEL UND ERDE VON DEINER HERRLICHKEIT (Sanctus der Hl. Messe). Diese Doxologie wird von den Erlösten gesprochen. Sie bezeichnet den Zustand der Erlöstseins. - Über das Erlöstsein kann man nur doxologisch reden, denn sein Maß bestimmt sich nach der doxa (gr.; hebr. kabod, lat. gloria/ claritas, dt. Herrlichkeit) Gottes, an der er den Erlösten Anteil gibt. Erlöstsein heißt, im und aus der doxa ('Wohlgefallen', 'Glanz' sind wohl bessere Übersetzungen) Gottes zu leben. **Doxologie** (altgr. δόξα dóxa „Herrlichkeit", „Ehre" und -logie; siehe Bibelgriechisch) ist ein Fachwort der Liturgie. Es bezeichnet das feierliche, oft gebets-abschliessende Rühmen der Herrlichkeit Gottes. In der jüdischen und christlichen Religion schließen Gebete häufig mit einer **Doxologie**.

• ALLE HABEN GESÜNDIGT UND GINGEN DER HERRLICHKEIT (DOXA) GOTTES VERLUSTIG (Röm 3,23). Das ist der Gegen-Satz. Sünde zehrt die Herrlichkeit Gottes auf.

• CHRISTUS IST DER ABGLANZ SEINER HERRLICHKEIT (DOXA) UND DAS ABBILD SEINES WESENS. ER TRÄGT DAS ALL DURCH SEIN KRÄFTIGES WORT UND HAT VOLLBRACHT DIE REINIGUNG VON DEN SÜNDEN UND HAT SICH GESETZT ZUR RECHTEN DER MAJESTÄT IN DER HÖHE (Hebr 11, 3).

Durch Christus ist uns die Herrlichkeit des Vaters zugekommen, indem er uns von den Sünden befreite. Doxologisch: GRATIAS AGIMUS TIBI PROPTER MAGNAM GLORIAM TUAM. DOMINE DEUS, REX CAELESTIS, DEUS PATER OMNIPOTENS. DOMINE FILIUS UNIGENITUS JESU CHRISTE. DOMINE DEUS, AGNUS DEI, FILIUS PATRIS. QUI TOLLIS PECCATA MUNDI...QUI TOLLIS PECCATA MUNDI... (Gloria der Hl. Messe)

Wir versuchen zu verstehen: Sünde entsteht aus dem Bewusstsein von Mangel. In dem sie diesen Mangel zu beseitigen versucht, schafft sie neuen. So häuft sich Sünde auf Sünde. Sünde nimmt dem anderen etwas weg. Dieses 'etwas' nennen wir jetzt genauer: Glanz, Herrlichkeit, doxa. - Was ist das? Beispiele aus der Erfahrung: Der Glanz des sonnenbeschienen Gartens am frühen Morgen das schöne Mädchen - das vollkommene Kunstwerk. Daran ist glanzvoll: Das Neue, Unverbrauchte

(1) - der unermessliche Reichtum, die Schönheit

(2) - das Verheißungsvolle

(3) Theologisch ist all dies nur ein Abglanz der Herrlichkeit Gottes. Es hilft aber zu verstehen, was diese ist:

(1) UND GOTT SAH ALLES, WAS ER GEMACHT HATTE, UND SIEHE: ES WAR SEHR GUT (Gen 1,31) Der Glanz liegt von Gott her über der Welt, er ist die Wiederspieglung seines Wohlgefallens. Alles ist neu wie am ersten Schöpfungstag, wenn wir es mit den Augen Gottes betrachten. Erlösung ist Neuschöpfung, Wiedereinsetzung in den vorigen Stand des Gut-seins:

IST JEMAND IN CHRISTUS, SO IST ER EINE NEUE KREATUR; DAS ALTE IST VERGANGEN, SIEHE, NEUES IST GEWORDEN (2 Korinther 5,17) - Dagegen nimmt die Sünde allem seine Neuheit, weil sie es in die bekannten Muster des Gebrauchens einordnet (sich ein Bild davon macht.) und es tatsächlich verbraucht. - So beim schönen Mädchen: man kann seinen Glanz nur als evolutionären Mechanismus der Arterhaltung ansehen - man kann es als Ware oder als Warenanreiz ansehen und gebrauchen (warum schmücken sich die Revue-girls mit falschem Glanz?!). Theologisch korrekt ist: JA, DU BIST SCHÖN, MEINE FREUNDIN, JA, DU BIST SCHÖN. DEINE AUGEN SIND TAUBEN GLEICH...

(2) DENN WENN DURCH DIE SÜNDE DES EINEN DIE VIELEN GESTORBEN SIND, **UM WIEVIEL MEHR** IST GOTTES GNADE UND GABE DEN VIELEN ÜBERREICH ZUTEIL GEWORDEN DURCH DIE GNADE DES EINEN MENSCHEN JESUS CHRISTUS (Röm 5, 15).

Überall, wo die Bibel von Gott und seiner Gnade spricht, gebraucht sie Bilder unerschöpflichen, kostbaren Reichtums. Und wir sind die Erben dieses Reichtums:

SIND WIR ABER KINDER, SO SIND WIR AUCH ERBEN, NÄMLICH GOTTES ERBEN UND MITERBEN CHRISTI, ... DAMIT WIR AUCH MIT ZUR HERRLICHKEIT (DOXA) ERHOBEN WERDEN (Römer 8,17). 1 Petrus 1,4: DAS UNZERSTÖRBARE, MAKELLOSE UND UNVERGÄNGLICHE ERBE, DAS IM HIMMEL FÜR UNS AUFBEWAHRT IST.

- Sünde dagegen kommt aus dem Bewusstsein des Mangels und schafft realen Mangel.

Von Erlösung zu reden und nach ihr zu leben bedeutet heute konkret, das Wissen um den Reichtum der Schöpfung gegen das Bewusstsein der Knappheit zu stellen, das die Geldwirtschaft erzeugt. Geld ist ein Mittel künstlicher Knappheit, das wirkliche Knappheit erzeugt. Wenn das, was da ist, unter allen verteilt wird, reicht es für alle; Mangel und Armut entstehen erst, wenn aus Zukunftsangst und Mangelbewusstsein einige den Reichtum aus der Gegenwart entnehmen und für die Zukunft aufsparen. Knappheit und Fülle - das sind die zwei Glaubensrichtungen, die heute miteinander im Streit liegen. An die Knappheit muss genauso geglaubt werden wie an die Fülle, nur dass der Glaube an die Knappheit natürlich (also leichter), der Glaube an die Fülle über-natürlich ist. Der rechte Glaube aber rettet die Welt. Das Gesetz (die Tora) ist dazu da, die Welt in dem Reichtum zu bewahren, den sie in den Augen des Glaubens hat. Es gilt die Regel: Glaube nur - das Nähere regeln die Bestimmungen der Tora.

Dialektik der Erlösung heute

Die Botschaft von der Gnade muss in der Logik der Knappheit entfaltet werden. Nur dann wird sie verstanden - um dann zum Glauben an die Fülle zu führen. Bonhoeffers Warnung vor der "billigen Gnade" trifft das Richtige. Gegenwärtiges Christentum aber gibt die Gnade „billig" und kostenlos ab.

(3) ICH BIN ÜBERZEUGT, DASS DIE LEIDEN DER GEGENWÄRTIGEN ZEIT NICHTS BEDEUTEN IM VERGLEICH ZU DER HERRLICHKEIT (DOXA), DIE AN UNS OFFENBAR WERDEN SOLL (Römer 8,18). Glaube macht das Dasein verheißungsvoll, zukunftsträchtig, voller Erwartung. Gott hat noch Großes mit seiner Schöpfung vor - darin liegt der Reichtum dessen, was ist.

Über dem Tohuwabohu der Wüste und Leere schwebt der schöpferische Geist Gottes (Genesis 1,2). Von der Zukunft her ruht ein Glanz auf unserer Welt. Daraus kommt Freude und Zuversicht. Dagegen zeigt uns die Sünde das Gegenwärtige immer schon als das Neueste. W. Benjamin: "Die Mode ist die ewige Wiederkehr des Neuen .... Das Immer-wieder-gleiche erscheint sinnfällig in der Massenproduktion zum ersten Mal ... Die Moderne ist die Hölle, weil sie das immer Gleiche stets erneut als das Neueste zeigt" (Ges. Werke I, 677 u. 680; V, 676 u. 678f.). Die kapitalistische Warenwelt kann sich die Zukunft nur als Verlängerung der Gegenwart vorstellen, sie kennt keine wirkliche Neuheit. Zugleich verbraucht sie Zukunft (Schulden!) und bringt sie damit um ihre Verheißung.

"Wenn die Dinge keinen Glanz mehr haben, steht ihre Destruktion unmittelbar bevor. Menschen, die zur Vernichtung heran stehen, werden zuvor ihrer Ehre beraubt, ihrer Rechte entkleidet und in eine klägliche, hässliche Erscheinungsform gebracht. ... Angstvoll registrieren wir heute den Schwund des Glanzes aus unserer Welt".

Wie gelangt jemand in den Zustand des Erlöst-seins? Wie kann die Macht der Sünde gebrochen werden und der Glaube an die Neuheit, Schönheit, Fülle und Verheißung entstehen? Die Theologie antwortet darauf: durch die Rechtfertigung.

Rechtfertigung (der zentrale Streitpunkt zwischen den Konfessionen, der jetzt in der "Gemeinsamen Erklärung zur Rechtfertigung" beigelegt worden ist) meint: Befreiung von der Sünde. Dadurch kommt ein Mensch Gott gegenüber in die rechte Lage - indem er ihn als Gott anerkennt, wie es die Sünde nicht tut - und zugleich in die Lage, selbst gerecht zu sein und handeln zu können. Beide Konfessionen betonen heute:

Die Rechtfertigung geschieht allein durch die Gnade. Gott macht uns gerecht, nicht wir uns, sondern von Gott. Die Rechtfertigung kann nicht durch Werke verdient werden. Sie kann nur im Glauben angenommen werden, und diesen Glauben schafft Gott auch noch selbst in uns.

Von der Gnade Gottes erfahren wir allein aus der Schrift (= sola gratia, sola fide, sola scriptura (allein aus der Schrift)). - Luther (passim) und Thomas von Aquin (S. Th. I-II q 113 art 9) lehren übereinstimmend: Die Rechtfertigung eines einzigen Menschen ist ein größeres Werk Gottes als die ganze Schöpfung! Die unterschiedlichen Schwerpunktsetzungen der Konfessionen werden durch den Konsens im Grundsätzlichen nicht aufgehoben, sie sollten bewahrt werden, da sich in ihnen eine ungelöste und unlösbare Frage (eine wichtige Problemanzeige) verbirgt.

Solus christus = allein durch Christus

Sola fiede = allein durch den Glauben

Sola gratia = allein durch Gnade

Sola scriptura = allein durch die Schrift / Bibel

Protestantische Lehre

Der Mensch ist ohne die Gnade unfähig, das Gute auch nur zu wollen. Luther: "Wer, sagst du, wird sich bemühen, sein Leben zu bessern? Kein Mensch, auch kein einziger vermöchte es... Wer sagst, du, wird glauben, dass er von Gott geliebt ist? Kein Mensch wird es glauben, noch wird er es vermögen..." (De servo arbitrio). Der Mensch an sich ist immer Sünder. Die Rechtfertigung befreit ihn von seinem Sündersein, indem sie ihn von sich selbst befreit: bei Gott ist er gerechtfertigt, bei sich selbst nicht (simul iustus et peccator). Die Rechtfertigung ist ein Geschehen außer uns: Nos extra nos. Galater 2,20: ICH LEBE, DOCH NICHT ICH, SONDERN CHRISTUS LEBT IN MIR. Luther: "So ist der menschliche Wille wie ein Lasttier in der Mitte hingestellt; wenn Gott darauf sitzt, will er und geht er, wohin Gott will ... Wenn der Satan darauf sitzt, will er und geht, wohin der Satan will.".

Katholische Lehre

(nach Thomas, S. Th. I-II q 113 und dem "Dekret über die Rechtfertigung" des Konzils von Trient): Die Sünde behindert und verstört den Menschen, aber im Grunde will er dasselbe wie die Gnade Gottes an ihm tut. Darum kann die Gnade mit dem Menschen (der "Natur") zusammenwirken. Rechtfertigung impliziert eine Bewegung des freien Willens und der Reue über die Schuld. Gerechtfertigt-sein heißt darum auch: das ewige Selbst finden, in der Wahrheit sein (Guardini). - Die katholische Lehre hat mehr als die protestantische das Tun der guten Werke im Auge, zu dem die Rechtfertigung befähigt. Gemeinsam ist: Rechtfertigung vollzieht sich in Wort und Sakrament. Ohne das Wort wüssten wir nichts von ihr, ohne die Sakramente würde sie nicht ausgeteilt und gelebt.

2.10 Loslassen / Opfern - mit welchem Recht?

Rechtssätze handelt, welche wieder zum Fundament religiöser und sittlicher Wahrheiten dienen. So liegt vor allem in den Opfergedanken ein auch bei den Heiden erkannter und fast allgemein durchgreifender Grundsatz des göttlichen Rechts, dass die Sünde einer Sühne bedürfe, und dass diese durch Stellvertretung möglich sei, ja dass sie notwendig sei, wenn die Sünde vergeben werden und Gnade von Seiten Gottes erzeugt werden solle, und dass sie dadurch geschehe, dass der Stellvertreter, hier das stellvertretende Opfertier, unschuldig (daher ohne Fehl, ohne Wandel, ohne Tadel, 3. Mose. 1, 10) sei, und die von dem Schuldigen verdiente Strafe, den Tod, leide, auch sein Blut vergieße, um dann dem Herrn als wohlgefällige (entsündigte) Gabe dargebracht zu werden.

Hierher Levitikus 1 ff., besonders Kap.16, vom großen Versöhnungsopfer. Hier ist der Gedanke der Stellvertretung und der aufgelegten fremden Schuld und Strafe am anschaulichsten vorgebildet (die 2 Böcke, von denen einer ledig gelassen, der andere geschlachtet wird, v. 7, die Handauflegung mit Sündenbekenntnis:

„Da soll dann Aaron seine beiden Hände auf sein Haupt legen und bekennen auf ihn alle Missetat der Kinder Israel und ihn in die Wüste lassen." Der andere Bock, auf den das Los fällt, soll zuvor zum Sündopfer geopfert werden; er soll geschlachtet werden als des Volkes Sündopfer und mit seinem Blut der Gnadenstuhl besprengt werden etc.).

In dieser Institution und in ähnlichen spricht sich der oberste Grundsatz des göttlichen Rechts, das jus talionis, auf das deutlichste aus. Die Verletzung des göttlichen Gesetzes verlangt durchaus eine Genugtuung, satisfactio, eine adäquate Strafe für die Sünde; diese ist der Tod. Aber in der Strafe an sich liegt nichts Versöhnendes.

Wenn der Sünder dem Tode verfällt, so hat zwar Gottes Gerechtigkeit eine Genugtuung; aber weder dem Menschen, noch Gott ist damit etwas gedient; erst die Stellvertretung eines Unschuldigen, der für einen andern den Tod leidet, bewirkt eine Sühnung und Versöhnung.

Die Übertragung der Schuld und Strafe auf ein anderes opferwilliges, aber unschuldiges Subjekt bewirkt Befreiung von Schuld und Strafe bei den Schuldigen: das ist ein zweites Grundgesetz des göttlichen Rechts, welches seine volle Erfüllung und sein volles Verständnis erst in dem freiwilligen und unschuldigen Opfertode Christi findet..

Das Opfer hat den Charakter einer Substitution, Stellvertretung. Es vertritt, was der Mensch selbst, in seinem natürlichen Zustande nicht leisten und nicht leiden kann. Beim Opfer kommt ferner nicht allein.

3.0 Quellen & Literatur

Die Wiederkehr des Glanzes in der Welt, 257-283

A. Ganoczy, Art. Erbsünde, in: Lexikon der katholischen Dogmatik, hg. von W. Beinert, Freiburg: Herder 1987, 121-123;

W. D. Hauschild, Lehrbuch der Kirchen- und Dogmengeschichte Bd. I, Gütersloher Verlagshaus: Gütersloh 1995, 225-237 (zu Augustinus).

Texte von Augustinus: Texte zur Theologie/ Dogmatik, Gnadenlehre I, bearbeitet von G. L. Müller, Graz-Wien-Köln: Styria 1996, 144-179.

Zu Augustinus: P. Brown, Die Keuschheit der Engel, München-Wien: Hanser 1991, 395-438.

D. Sölle, Lieben und Arbeiten;

F. W. Marquardt, Was dürfen wir hoffen, wenn wir hoffen dürften, Bd. 2, §4: Zukunft und Tod;

J. M. Keynes, Allgemeine Theorie der Beschäftigung, des Zinses und des Geldes, Berlin 51974

Rudolf Smend, Ulrich Luz: Gesetz, S. 89-112; F. W. Marqurdt, Was dürfen wir hoffen Bd. 1, 226-237

Bernd J. Claret: Geheimnis des Bösen. Zur Diskussion um den Teufel, Innsbruck: Tyrolia 1997

Chr. Gestrich, Die Wiederkehr des Glanzes in die Welt, 320-349;

J. Werbick, Soteriologie, 226-274;

D. Sölle, Stellvertretung. Ein Kapitel Theologie nach dem "Tod Gottes".

R. Guardini, Der Herr, Mainz-Paderborn 161997, 573 ff.

F. Diekamp, Kath. Dogmatik nach den Grundsätzen des Heiligen Thomas, Münster 3-51921, 285-290.

Dietmar Kamper, Christoph Wulf (Hg.), Das Heilige. Seine Spur in der Moderne, Frankfurt 1987, S. 1 ff. Rudolph Otto, Das Heilige. Über das Irrationale in der Idee des Göttlichen und sein Verhältnis zum Rationalen, 1917, 31.-35. Auflg. München 1963 S. 16

Brigitte Boothe, Das Dasein als Wunder. Die Entfaltung religiösen Erlebens. Vortrag am 20. 10. 01 bei der Tagung der DPG in Hamburg: Religiöses Erleben verstehen.

Heide Göttner-Abendroth, Die Göttin und ihr Heros, München 1980

Mircea Eliade, Die Religionen und das Heilige, Frankfurt 1998

Rudolf zur Lippe, Das Heilige und der Raum, S. 418

Dietmar Kamper, Das Ereignis und die Ekstasen der Zeit, in: Kamper, Das Heilige, S. 667

Konrad Thomas, Soziologische Zugänge zum Heiligen, in: Kamper, Das Heilige, S. 91

Christoph Wulf, Religion und Gewalt, in: Kamper, Das Heilige, S. 245

Thomas Luckmann, Die unsichtbare Religion, Frankfurt, 1991

Stefan Breuer, Die Gesellschaft des Verschwindens, Hamburg, 1992, S. 192

3.1 Schlusshinweis

Da ich aus Kostengründen auf ein professionelles Lektorat mit Redakteur, Begleitung und Aufbereitung des Manuskriptes durch einen Verlag verzichtet habe, können Fehler im Text enhalten sein. Ich habe den Text, das Layout und das Cover selbst erstellt und entworfen. Sollte es zu Übereinstimmungen mit anderen Werken gekommen sein, so bitte ich dies zu entschuldigen und mir umgehend mitzuteilen, damit es zu keinen Urheberrechtsverletzungen kommt und wenn doch, dass ich diese umgehend beheben kann.

Über Ihre Anregungen, Kritik, Ergänzungen und Feedbacks freue ich mich, Sie können mir gerne per Email schreiben an:

Linus.Botha@gmx.de   Vielen Dank !!!